최효찬의
아들을 위한
성장여행

아빠가 여행을 통해 이끌어주는 9가지 내면의 힘

최효찬의
아들을 위한 성장여행

최효찬 글, 최승현 도보여행기

글담출판사

프롤로그
/
아들을 위한 최고의 교육

서구에서는 17세기 후반부터 '그랜드 투어Grand Tour'가 유행하기 시작하였다. 처음에는 영국의 귀족 자제들이 엘리트 교육의 최종 완성으로서 일정한 교육을 마치면 이탈리아나 프랑스 등 역사적인 유적지나 명승지로 여행을 떠났다. 그게 그랜드 투어의 시작이다. 수많은 유럽의 지성들이 탄생된 '교육여행'이다.

문제는 그 비용이었다. 그랜드 투어는 귀족이나 명문가의 자제들이 떠나는 여행이었고 더욱이 명사들을 방문해 사교나 매너를 배우는 기회이기도 해서 비용이 너무 많이 들었다. 18세기말에 이르러 비싼 그랜드 투어보다 비용이 많이 들지 않는 '쁘띠 투어Petit Tour'가 유행하기 시작했다. 그랜드 투어(대여행)에 반대되는 쁘띠 투어(소여행)가 등장한 것이다. 걷거나 마차를 빌려 유럽 각 지방의 대로와 샛길들을 찾아다니고, 일부 여행객들은 후미진 길을 걸으며 시상을 떠올리기도 했다. 쁘띠 투어의 시대를 연 사람은 바로 영국의 자연주의 시인 윌리엄 워즈워스William Wordsworth였다. 워즈워스는 발로 시를 쓴 '도보 마니아'였다.

18세기 지성을 대표하는 장 자크 루소Jean-Jacques Rousseau만큼 많이 걸은 사람도 드물다. 루소는 '걷기의 아버지'로 꼽힌다. 그는 "걸음을 멈추면 생각도 멈춘다."는 명언을 남길 정도로 걸으면서 자신의 위대한 사상을 완성하였다.

나는 도시나 자연을 산책하거나 도보여행을 통해 위대한 인물이 된 수많은 사람들을 만날 수 있었다. 루소를 비롯해 니체Friedrich Nietzsche, 워즈워스, 그리스의 대문호 니코스 카잔차키스Nikos Kazantzakis, 자연 보호의 아버지 존 뮤어John Muir, 방랑의 작가 헤르만 헤세Hermann Hesse, 세계적 베스트셀러『나는 걷는다』의 저자 베르나르 올리비에Bernard Olivier 등의 사례를 통해 도보여행이 이들에게 어떠한 긍정적 영향을 미쳤는지를 알 수 있었다.

이들을 통해 "많이 걷는 사람일수록 세상을 변화시키는 위대한 인물이 될 수 있다"는 놀라운 사실을 발견할 수 있었던 나는 도보여행이나 걷기 위주의 쁘띠 투어가 입시 위주로 왜곡되어 자녀교육에 지쳐 있는 우리나라 부모들에게 새로운 자녀교육의 패러다임이 될 수 있다는 확신이 들었다. 여기에는 아들과 함께 방학마다 전국의 산하를 걸으며 도보여행을 해온 내가 직접 체험을 통해 이를 확인했기 때문이다. 또한 수많은 자녀교육 사례들을 접하면서 아빠야말로 성공적인 아들 교육의 핵심임을 절감한 것도 아들과의 도보여행을 결심한 이유 중 하나였다.

특히 '중2병'이라는 신조어가 생겨났을 만큼, 부모 세대보다 격심한 사춘기를 보내는 10대 아들에게 도보여행만큼 좋은 것은 없다고 생각한다. 프랑스의 유명한 '쇠이유(Seuil, 경계선)' 프로그램 사례만 봐도 도보여행이 가진 치유의 힘, 성장의 힘을 알 수 있다. 베르나르 올리비에는 3개월 동안 범죄에 빠진 문제 청소년들이 2인 1조로 도보여행을 하는 프로그램을 만들었는데, 그 프로그램에 참여한 아이들이 대부분 성공적으로 사회에 복귀했다. 일반 소년범의 재범률이 85퍼센트에 달하는 것에 비해, 재범률이 15퍼센트에 불과할 정도로 엄청난 성과다.

걷기는 또한 아빠만이 아들과 쌓을 수 있는 유대감을 형성할 기회를 마련해 준다. 더 큰 세상으로의 도약을 준비하는 10대 아들에게 필요한 건 엄마의 보호막이 아니라 아빠의 인정이며, 아빠와의 유대감이다. 아빠와 함께하는 도보여행은 아들에게 길 위의 교육 그 자체라고 할 수 있다. 아들의 성장을 이끌어 주는 건 아빠 하기 나름이다. 아들의 능력을 키워 주기 위해 비싼 학원이나 해외 어학연수를 보내기보다 아들과 함께 도보여행을 떠나 보라. 그게 바로 아들의 성장을 증폭시킬 위대한 시작이자 인성 교육의 시작이다. 더불어 아들을 더 큰 세상으로 이끄는 '최고의 공부'가 될 것이다.

나는 아들이 6학년 때부터 고등학교 2학년이 된 지금까지 5년 동안 10회에 걸쳐 약 1,000km를 도보여행 하였다(이번 여름방학을 활용하여 아들과 11번째 도보여행을 다녀왔다). 길을 걷다 보면 어떤 날은 그늘 한 점 없이 햇볕이 내리쬐는 도로 위를 몇 시간씩 걷기도 했고, 어떤 날은 억수같이 내리는 비를 내리 맞으며 걷기도 했다. 마땅한 식당이 없어 한두 끼 굶는 일은 다반사였다. 도로 위에서 밥을 해먹다가 불이 날 뻔한 적도 있다.

이 정도 되면 아들이 백기를 들고 나올 법도 한데, 도보여행 할 때마다 나는 오히려 아들 눈치를 봐야 했다. 아무리 힘들어도 힘들다는 소리를 낼 수 없었다. "힘들지 않니?" 하면 아들이 오히려 배시시 웃기만 했다. 아들과의 도보여행에서 얻는 게 있다면 그것은 다름 아닌 '아이의 재발견'이다. 아이는 한번도 "아빠, 힘들어 죽겠어요. 좀 쉬었다 가요!"라고 먼저 말하지 않았다.

때로는 힘이 들어 아들보다 먼저 포기하고 싶은 생각도 들었지만 아들과 함께하는 도보여행만큼 의미와 보람을 안겨 주는 여행도 없는 것 같다. 물론 아들에게는 도보여행이 고역이었겠지만 고통 없이는 아무 것도 이룰 수 없다는 것을 언젠가는 알 수 있을 것이다.

도보여행을 시작할 때만 해도 어렸던 아들이 이제는 건장한 청소년이 되었다. 너무 힘들어 지쳐 있다가도 좋아하는 회만 사주면 금방 기분이 좋아지던 앳된 소년은 어느덧 훌쩍 자라 아빠와 키가 같아졌다. 아들이 어느 날 이런 이야기를 했다. 도보여행을 하면서 사춘기의 터널을 별 일 없이 빠져 나온 것 같다고 말이다. 참으로 고마운 말이다. 나는 아들과 수많은 길을 걸으면서 부자유친은 물론 아빠로서, 인간 최효찬으로서 스스로를 돌아보고 성찰하는 시간을 가질 수 있었다. 어쩌면 도보여행을 하며 더 많이 배우고 위로받은 것은 나였는지도 모르겠다.

어쩌면 이 책이 아빠들에게 부담이 될지도 모르겠다. 도보여행이라는 것이 쉬운 일이 아니기 때문이다. 하지만 너무 부담스럽게는 생각하지 않았으면 한다. 하루, 혹은 1박 2일 짧은 도보여행도 괜찮다. 딱 한 번이라도 좋다. 그 여행으로 아들에게 줄 수 있는 아빠의 자극이 너무나 많다.

1부에서는 왜 아빠가 아들과 도보여행을 떠나야 하는지를 심리학적인 요인들을 곁들여 소개하였다. 2부에서는 아빠와의 도보여행이 아들 성장에 미치는 긍정적 영향과 도보 여행을 활용한 올바른 교육법을 담고자 했다. 나와 아들이 어떤 여행을 했는지 소개하기보다 도보여행을 하면서 아들에게 어떠한 긍정적인 변화가 있었는지, 아빠가 아들의 내적 성장을 이끌어 내기 위해 해줄 수 있는 이야기와 방법에는 무엇이 있는지 소개하는 데 주력하였다.

이를 위해 유럽 명문가의 엘리트 교육인 그랜드 투어를 비롯하여 위인을 키운 부모들의 자녀교육법을 연구하고 효과적인 방법을 강구하였다. 그리고 뚜렷한 목적 의식과 계획 하에 도보여행을 떠났다. 이를 9가지 힘으로 키워드별로 정리하여 알려 주고자 하였다.

또한 아들이 쓴 도보여행기를 부록으로 실었다. 나는 항상 도보여행을 다녀오면 아들에게 한 달 정도 시간을 두고 도보여행 동안 적어 둔 메모를 보면서 도보여행기를 쓰게 했다. 이를 시작하며 영국의 물리학자 마이클 패러데이Michael Faraday의 "Work, Finish, Publish."라는 유명한 말을 들려주었다. 무슨 일이든지 끝을 보고, 일이 끝나면 그 결과물을 발표하라는 말이다. 매우 귀찮고 힘든 일이지만, 자신의 활동을 글로 남김으로써 새로운 깨달음을 발견하게 되고, 생각을 정리하고 표현하는 능력이 발달하게 된다. 아들의 도보여행기는 이 책을 집필하는 데 많은 바탕이 되었다. 뿐만 아니라 아들과의 도보여행을 꿈꾸는 아빠들에게 아들의 입장에서 듣는 도보여행에 대한 느낌과 생각을 엿볼 수 있는 기회라고 생각된다.

끝으로, 이 책에서도 소개하고 있는 영국의 시인 윌리엄 워즈워스는 알프스 여행을 할 때 보았던 알프스의 한 풍경이 평생 머릿속에 남아 있으면서 시인으로서의 영감과 활력을 불어넣어 주곤 했다고 한다. 이렇게 기억에 떠오를 때마다 힘을 주는 자연 속의 한 장면을 워즈워스는 '시간의 점'이라고 불렀다. 아빠가 아들에게 해줄 수 있는 최고의 선물은 바로 아들과 함께 시간의 점들을 많이 만들어 주는 거라고 생각한다.

아들과 함께 보낼 수 있는 시간은 그리 길지 않다. 너무 힘들지 않을까. 아들이 할 수 있을까 고민하지 말고 일단 도전해 보길 바란다.

이 책이 평소 아들과 서먹했던 아빠에게는 아들과 가까워질 수 있는 방법을 알려 주는 계기가, 평소 아들과 단 둘이 여행을 꿈꿨던 아빠에게는 길잡이가 되었으면 한다. 갑자기 낯선 아이가 되어 버리는 10대 아들을 둔 엄마에게는 희망이 되었으면 한다.

아빠와 아들, 둘만이 떠나는 도보여행은 아들을 한층 성숙하게 해줄 것이고, 사춘기 아들로 고민하는 엄마에게는 짐을 덜어 줄 것이라 확신한다.

프롤로그 | 아들을 위한 최고의 교육 · 4

1부 아빠 육아의 정점, 도보여행

1. 여행은 아빠가 제공해 주는 최고의 교육이다 · 20
2. 아이의 분리공포증이 끝날 때 시작하라 · 25
3. 아들은 엄마로부터 독립할 때 비로소 어른이 된다 · 28
4. 도보여행은 더 의미 있는 '점'들로 연결되는 징검다리다 · 33
5. 진정한 아빠의 역할을 위해서는 2%의 차이를 알아야 한다 · 37
6. 아빠가 없는 여인 부족에게 배우는 아빠의 역할 · 42

2부 아빠가 이끌어 주는 9가지 내면의 힘

1. '재발견' : 아빠는 아들을 크게 키울 수도, 작게 키울 수도 있다

- 아들은 아빠를 통해 자신의 능력을 확인한다 · 53
- 아들을 재발견하다 · 55
  성적을 올리는 것보다 중요한 건 자신감이다

  대문호 카잔차키스의 아버지에게 배우는 자녀교육법
  "아빠의 절대적 믿음이 대문호 니코스 카잔차키스를 만들다" · 61

2. '문화유전자' :
가족의 문화유전자를 잇는다

- 우리 집만의 문화유전자가 인재를 만든다 · 65
- 아들에게 물려주고 싶은 문화유전자를 찾아라 · 70
- 아버지와 나의 과거를 아들에게 이어 주다 · 72

케네기 가, 로스차일드 가의 아버지에게 배우는 자녀교육법
"별 볼일 없는 집안을 명문가로 성장시킨 문화유전자" · 75

3. '생존 기술' :
아빠만이 해줄 수 있는 교육

- 아빠와의 여행을 통해 아들은 독립을 배운다 · 79
- 아빠는 아들의 현재 모습에 만족해서는 안 된다 · 82
  때때로 아빠의 가르침은 잔소리가 된다
- 아빠가 아이에게 직접 가르치려고 하지 마라 · 89

노벨문학상 타고르의 아버지에게 배우는 자녀교육법
"타고르의 아버지에게 여행을 통한 자녀교육법을 배워라" · 91

4. '시간의 점' : 아들에게 인생의 명장면을 많이 남겨 줘라

- 아름다운 기억은 희망을 품는 힘이 되어 준다 · 95
- 시간의 점이 가진 힘 · 97
- 아빠가 아들에게 주는 최고의 선물은 함께 만든 아름다운 추억이다 · 100

톨스토이에게 배우는 자녀교육법
"함께하는 시간이 길어야지만 추억을 만들 수 있는 건 아니다" · 107

5. '마음의 근육' : 마음이 강한 아이로 키워라

- 아들에게 가장 필요한 건 마음의 힘이다 · 111
  마음이 강한 아이의 비결
- 걸을수록 마음이 강해진다 · 116
- 도보여행을 통해 아들에게 시련을 선사하라 · 122

고산에게 배우는 자녀교육법
"힘들더라도 남이 가지 않는 길을 가게 하라" · 127

6. '도전 정신' :
안전한 길보다 도전의 길을 선택하게 하라

- 주입식 교육에 꼭 필요한 능력 · 131
- 때때로 길을 잃어라 · 135
- 아들은 빨리 떠나보낼수록 크게 자란다 · 140

'자연 보호의 아버지' 존 뮤어의 아버지에게 배우는 자녀교육법
"아버지의 '냉정한 독립'을 통해 도전 정신을 키우다" · 142

7. '철학적 사색' :
여행을 통한 일상의 철학이 아이의 사고를 발전시킨다

- 걷는 것은 사고思考의 행위다 · 147
- 자연은 아이도 철학자로 만든다 · 149
- 여정을 기록하고 발표시켜라 · 153

키에르케고르의 아버지에게 배우는 자녀교육법
"바쁜 아빠라면, 아들과 상상의 여행을 떠나라" · 157

8. '히스토리':
여행을 통해 배우는 것은 독서만큼 중요하다

- 도보여행을 하며 만나는 수많은 이야기들이
  훗날 '나만의 콘텐츠'를 만들어 준다 · 161
- 역사와 이야기가 있는 곳으로 떠나라 · 164
  현장에 담긴 위인의 정신을 배우다

칼 비테에게 배우는 자녀교육법
"미숙아를 천재로 키운 힘, 여행 놀이" · 170

9. '유대감':
아빠만의 유대감을 형성하라

- 아빠와의 유대감이 아들을 성장시킨다 · 175
- 손을 내치던 아들이 먼저 손을 내민다 · 177
- 꿈을 찾아가는 여정의 최고의 길잡이는 아빠다 · 181

스티븐 스필버그의 아버지에게 배우는 자녀교육법
"아빠가 심어 준 꿈의 씨앗" · 190

에필로그 | 아들이 10대라면, 꼭 한번 도보여행을 떠나라 · 192

부록

- 5년 동안 10회, 도보여행을 함께한 아들의 솔직한 기록,
  그 속에 담긴 아들의 성장
- 성공적인 도보여행을 위한 준비

아빠 육아의 정점, 도보여행

"아이를 키우는 일은 때로는 즐거움이고 때로는 게릴라전이다."
_에드워드 애스너 Edward David Asner

　나는 지금까지 수많은 명문가들을 연구하고 분석해 오면서, 그들 가문에서 수백 년 동안 엘리트들이 나온 데에는 가문만의 자녀교육법이 한몫했음을 알게 되었다. 그중 눈에 띈 것이 프롤로그에서도 잠시 언급하였지만 애덤 스미스Adam Smith, 볼테르Voltaire, 괴테Johann Wolfgang von Goethe처럼 수많은 지성들을 탄생시킨 '교육여행'이었다. 나는 이에 주목하여 아들과 5년 간 10회의 걸쳐 도보여행을 통한 성장여행을 다녀왔다. 사실 이 여행은 아빠 육아의 최고의 방법이라고도 할 수 있다. 아이가 어렸을 때는 아빠와의 놀이가 대단히 중요하다. 세계적 양육 전문가 리처드 플레처는 "놀이는 아빠만이 아이에게 해줄 수 있는 강력한 교육이며, 아이와 유대감을 쌓는 절호의 기회"라고 말한다. 아이는 아빠와의 놀이를 통해 사고와 감정 조절, 문제해결력이 발달된다. 어린 아이들의 공격성과 넘치는 에너지를 엄마는 감당하기가 어렵다. 그러다 보니 엄마는 아이의 행동을 저지하고 누르게 된다. 아이는 충분한 신체 놀이를 통해 자신의 감정을 마음껏 발산하는 기회를 갖지 못한다. 그런 아이들은 상대적으로 공격성이 강하고 자기 감정을 조절하는 힘이 약한 경향이 있다. 아이가 어렸을 때 아빠와의 놀이가 대단히 중요한 이유다.

그런데 아이가 자라 10대가 되면 놀이의 필요성이 사라지게 된다. 자동적으로 아빠의 역할 역시 달라져야 한다. 성장의 도약이 이루어지는 시기인 만큼, 아빠가 어떤 자극을 주느냐에 따라 아이의 성장의 질이 달라진다. 특히 아들일 경우, 더욱 중요하다. 그리고 10대 아이에게 주는 최고의 성장 자극은 바로 아빠와의 도보여행이라고 나는 생각한다. 아빠의 뇌와 육아 본능은 도보여행에서도 극대화된다. 아이는 도보여행을 통해 어색했던 혹은 멀어졌던 아빠와의 사이를 회복할 수 있으며, 일상생활에서는 얻지 못하는 다양한 경험을 체험하고 자극을 받을 수 있다.

유럽의 엘리트 교육법을 바탕으로 내가 행해 온 '성장여행법'을 설명하기에 앞서 1부에서는 엄마와 아빠의 역할에 대해서 살펴봄으로써 10대 아이에게 필요한 아빠의 역할과 도보여행의 의미에 대해서 소개하고자 한다. 도보여행을 다녀왔다고 지금 당장 아이가 변하는 것은 아니지만 아빠와의 도보여행에서 얻은 자극들은 아이의 내면에 남아 조금씩 아이를 성장시킬 수 있음을 확인하게 될 것이다.

여행은 아빠가 제공해 주는 최고의 교육이다

육아는 엄마의 영역이라는 고정관념들이 깨지면서 아빠들의 육아에 대한 관심이 점점 높아지는 한편 아이를 위해 출산 휴가를 내는 아빠들이 늘고 있다. 그런데 문제는 어떻게 아이에게 접근해야 좋을지 모르겠다는 아빠가 많다는 사실이다. 아이가 10대라면 이미 관계가 굳어져서 아이에게 다가가기가 더 어려운 경우가 많다.

엄마와 아이의 관계는 이상할 정도로 친밀하다. 많은 학자들은 인간은 엄마의 몸에서 10개월 동안 생명체로 생성되고 태어난 뒤 엄마의 보살핌을 받으며 자라기 때문에 본능적으로 친밀하다고 한다. 철학가 장 자크 루소는 『에밀』에서 "어머니와 자식의 유대는 자연스럽게 형성되지만, 아버지와 자식의 유대는 만들어 가는 것"이라고 말한다. 사회학자 르 드블뢰Le Debleu도 "어머니와 자식은 신비한 관계participation mystique"라고 말하며, 엄마와 아이간의 관계는 신비스러울 정도로 친밀하다고 강조했다.

그런데 아빠와 아이의 관계는 그렇지 않다. 오륜에도 부자유친父子有親이라는 말이 있는데, 그만큼 부자지간은 친하게 지내기가 어렵기 때문일 것이다. 10대 아들과 아빠는 상극이라고 해도 과언이 아니다. 하지만 10대야말로 아들에게 아빠가 가장 필요한 순간이다. 여기에 엄마는 빼고 도보여행을 가야 하는 이유가 담겨 있다.

가정에서 보면 아들은 엄마와 스스럼없이 이야기한다. 알콩달콩 이야기 보따리를 늘어놓다가도 아빠가 집에 들어서면 이야기를 뚝 그치고 자기 방으로 휑하니 들어간다. 아빠가 서운하게 생각할 만큼 냉랭하다. 때로는 아빠가 아들과 대화를 시도하지만, 의도와 달리 잔소리로 변질되거나 언성을 높이는 것으로 끝나고 만다.

소원해진 아들과의 관계를 개선하고, 아들의 성장에 긍정적인 자극을 주고자 한다면, 아들과 도보여행을 해보라.

철학자 프랜시스 베이컨Francis Bacon은 "여행은 나이 든 사람에게는 하나의 경험에 불과하지만, 나이 어린 사람에게는 최고의 교육이 된다."고 했다. 특히 아빠와 함께 여행을 떠난다면 자연스럽게 서로 몸을 부딪치고 대화를 하는 사이 서먹했던 관계가 몰라보게 친밀해질 것이다. 무엇보다 철저한 계획과 목표를 세워 여행에 나선다면 책을 통해 얻는 공부보다 훨씬 더 값진 공부를 할 수 있다. 여행의 성공은 떠나기에 앞서 여행 준비와 계획, 목표를 얼마나 철저하게 하느냐에 달려 있다. 왕따였던 아들에게 여행을 통해 대자연의 신비를 경험시키는 한편, 영어 공부와 경제 교육을 한 타고르 아버지

"여행은 나이 든 사람에게는 하나의 경험에 불과하지만, 나이 어린 사람에게는 최고의 교육이 된다."

의 지혜를 생각해 보자.

마이클 다이아몬드Michael J. Diamond의 『사랑한다 아들아』에는 '충분히 좋은 엄마good enough mother'라는 표현이 나온다. 이 용어는 영국의 소아과 의사이자 정신분석가인 도널드 위니콧Donald Winnicott이 만들어 냈는데, 아이에게 최적의 편안함과 위안을 주는 엄마를 뜻한다. 아이의 심리적 성장을 유도할 만큼 아이와의 관계가 충분히 가까우면서도 아이를 심리적으로 억압하지 않는 엄마를 가리키는 말이다.

아빠 역시 아이에게 '충분히 좋은 아빠good enough father'가 될 수 있다. 그런 아빠는 어떤 아빠일까? 아이가 자신의 감정을 조절하고 삶에 필요한 기량을 쌓으며 세상의 큰 도전에 직면할 수 있도록 이끌어 주는 아빠가 아닐까? 특히 아이가 상실감과 절망감, 열패감 등 삶의 어려운 순간들에 부딪혀 봄으로써 더욱 크게 성장할 수 있도록 돕는 아빠가 충분히 좋은 아빠가 아닐까?

마이클 다이아몬드는 일생 동안 아빠의 역할이 바뀐다고 한다. 출생 후 첫 몇 개월까지 아빠는 주위를 살피고 보호하는 '수호자' 역할을 한다. 아들이 세상에 나와 첫 몇 년을 보내는 동안에는 아들을 위한 바깥세상과의 '연락관' 역할을 한다. 아들이 취학 전 단계에 이르면 아빠는 아들의 남성성의 모델이자 승인자로서의 역할을, 학교에 입학하는 시기가 되면 아들의 충동과 강렬한 감정을 조절할 수 있도록 돕는 '견제자' 역할을 하는 동시에 아들이 건강한 방식으로 경쟁하도록 지도하는 역할을 맡는다. 아동기에 아빠는 성장하는 아들의 '멘토' 역할을, 청소년기에는 아들의 영웅으로서의 역할을 수행한다. 청소년기 후반이 되면 10대 아들은 아빠를 거부하게 되고, 아빠는 '추락한 영웅'으로 전락한다. 그러다 아들이 성인이 되면 아빠는 다시 성숙한 남성으로 안내하는 '멘토' 역할을 수행한다. 즉 충분히 좋은 아빠는 아들의 성장 단계마다 제 역할을 충분히 해야 한다는 말이다.

10대 아들에게 아빠는 멘토와 영웅의 역할을 해줘야 한다. 그런데 아들과 함께할 시간이 부족하다면, 무엇을 어떻게 해줘야 할지 모르겠다면, 방학 동안의 짧은 도보여행만으로도 그 역할을 충분히 할 수 있다. 그리고 이는 그 어떤 방법보다 아들에게 긍정적인 자극을 주는 최고의 방법이다.

나는 아들이 초등학교 6학년일 때부터 방학마다 도보여행을 다니고 있다. 그전까지 아들만 흥사단에서 주최하는 국토순례에 보내다가 유럽 명문가들이 행한 엘리트 교육인 교육여행(2부에서 자세히 소개하고자 한다)에 공감하여 본격적으로 아들과 도보여행을 시작하게 되었다. 물론 조금씩 멀어지는 10대 아들과 보다 많은 시간을 보내고자 함도 있었다. 그렇게 시작한 일이 아들에게는 인내심과 책임감을 키우는 계기가, 기자 생활과 저술 활동, 학업 등으로 항상 바빴던 나는 도보여행을 하면서 비로소 아들의 진면모를 확인하는 기회가 되었다. 뿐만 아니라 도보여행이 계속되자 신문과 잡지 등 언론에서 관심을 가져 주었고, 이는 아들에게 도보여행의 의미를 더욱 각인시키는 효과를 주었다. 자신의 사진과 글이 언론에 소개되니 도보여행이 더욱 재미있어지고 책임감도 생긴 것이다. 함께 길을 나섰을 때는 어렸던 아들이 이제는 184cm가 되는 의젓한 고등학생이 되었다.

나는 도보여행이야말로 자녀교육의 최고의 묘약이라고 생각한다. 도보여행을 아빠와 아이 간의 이벤트로 만든 가족이야말로 성공적인 자녀교육으로 가는 사다리를 확보해 놓았다고 자신 있게 말할 수 있다.

아이의 분리공포증이 끝날 때 시작하라

젊은 부부가 있었다. 그들은 아이를 낳은 뒤에 이를 기념하기 위해 해외여행을 떠났고 아이는 친척집에 맡겨졌다. 하지만 이 친척은 바쁘다는 이유로 아이를 돌보지 않고 집사에게 떠넘겼다. 부부는 아이가 크면 놀 시간이 없을 테니 어릴 때 밖에서 많이 뛰어놀게 해달라는 부탁을 남겨 놓은 채 영국에 일 년간 체류했다가 다시 프랑스에서 일 년간 머무르고 또다시 미국과 아프리카로 떠나는 등 거의 전 세계를 유람했다. 그사이 5년이 흘렀다.

아이가 태어나는 순간부터 자녀교육이 시작된다. 여행에서 돌아온 그들은 눈앞에 펼쳐진 광경에 얼이 빠지고 말았다. 아이가 부모를 몰라본 것이다. 다섯 살이나 되도록 친부모 얼굴 한 번 못보고 자란 아이가 부모 얼굴을 알아보지 못하는 것은 어쩌면 당연했다. 그날 저녁 아이는 부모와 안 자고 한사코 집사와 함께 자겠다고 고집을 피웠다. "우린 네 친부모야."라고 말해도 소용없었다. 오히려 아이는 부모의 무서운 모습을 보고 집사의 집으로 도망쳤다. 부부는 집사를 불러 "도대체 어떻게 가르쳤기에 애가 친부모를 몰라보는 거냐."고 분풀이를 했다. 그러자 아이가 "아줌마에게 그런 식으로 말하지 마세요."라고 외치며 노려봤다. 그날부터 아이는 잠잘 때마다 집사 아줌마 이름을 불렀다. 세월이 흘러 열 살이 되자 아이는 밥 먹듯이 가출하기 시작했다.

_『칼 비테의 자녀교육법』 중

이 이야기는 자녀교육서로 널리 알려진 『칼 비테의 자녀교육법』에 나온다. 19세기 독일 시골교회 목사였던 칼 비테Karl Witte는 미숙아였던 자신의 아들을 천재로 키운 이야기를 책으로 펴내 유명해졌다. 위의 사례는 부모의 보살핌이 최고로 필요한 유아기의 아이를 보살피지 않고 여행을 떠난 부부의 이야기다. 이 부부의 이기적인 여행이, 혹은 자녀교육의 무지가 부모와 아이 간의 올바른 관계 형성에 실패한 원인이라고 할 수 있다.

여행은 가능하면 가족 모두가 함께 떠나는 게 좋다. 초등학교 저학년까지 아이는 엄마와 떨어지지 않으려고 한다. 혹시 엄마가 직장을 다니거나 여러 사정으로 아이와 자주 떨어져 있었을 경우, 아이는 심하면 '분리불안장애(격리 불안)'를 겪을 수도 있다. 심할 경우 성인이 되어서도 영향을 받는다. 엄마의 지속적인 보살핌으로 유대감이 잘 형성된 아이는 엄마가 잠시 자리를 비웠을 때 시간이 지나면 다시 자신의 곁으로 돌아올 거라는 확신을 가진다. 물론 처음에는 엄마를 찾겠지만, 곧 상황을 이해하고 자신이 하던 일에 몰두한다. 그러나 그렇지 못한 아이는 세상에 자신만 남겨졌다는 생각에 괴로워하고 세상으로부터 자신을 보호하려고 한다.

우리 아들도 어릴 때 아내가 과외교사로 일하느라 자주 보모에게 맡겨졌다. 그때마다 아이는 엄마가 자신을 버리고 가는 줄 알고 울음을 터뜨렸다. 이러한 기억 때문인지 아이는 초등학교 5학년 여름까지 엄마가 집에 없으면 울거나 불안해했다. 그리고 엄마가 어디를 가면 반드시 따라나섰다. 그런데 이 부부는 5년이나 해외여행을 떠났으니, 자녀교육을 포기한 것이나 다름없다. 왜 아이와 함께 여행을 떠나지 않았을까? 아마 부부의 이기적인 생각 때문이 아니었을까 싶다.

아이가 초등학교 고학년이 되면 엄마가 옆에 없어도 불안해하지 않는다. 오히려 혼자 있기를 더 바란다. 이 나이가 되면 자신만의 '동굴'이 필요하고 그 동굴에서 지내기를 바란다. 이때는 반대로 아이가 너무 혼자 동굴에 있지 않도록 신경을 써야 한다. 의도적으로 동굴 바깥으로 나오게 해야 적극적인 아이로 자랄 수 있다. 이때 엄마보다 아빠의 역할이 중요하다. 엄마 혼자만으로는 아이를 통제할 수가 없다. 특히 아들은 엄마 말을 무시하기 일쑤다.

따라서 이때 아빠는 아들과 더 많은 시간을 보낼 필요가 있다. 하루에 30분씩 혹은 일주일에 한두 번은 반드시 아들과 놀거나 운동하는 시간을 가져야 한다. 특히 엄마와 떨어져도 불안함을 느끼지 않고 조금씩 독립을 준비하는 시기인 만큼 아들과 함께 여행을 떠날 필요가 있다.

아들은 엄마로부터 독립할 때
비로소 어른이 된다

　아빠는 끊임없이 아이가 세상의 경쟁에서 이길 수 있게끔 생존 기술을 가르쳐 주려고 한다. 자신이 세상을 살면서 불리하게 작용한 약점과 단점을 자신의 아이만큼은 갖고 있지 않기를 바란다.

　반면에 엄마는 아이가 배곯지 않고 안전하게 하루를 보냈는가에 관심을 갖는다. 물론 요즘에는 아이의 학교 공부, 진로까지 관리해 주는 일명 매니저 엄마가 등장해 세상으로 안내하는 역할을 아빠가 아니라 엄마가 담당하고 있지만 말이다. 그러나 전통적인 엄마와 아빠의 틀 안에서 보면, 엄마는 '내면의 감정 세계와의 연결자'로서 역할을 하고, 아빠는 '외면의 실제 세계로 이끌어 주는 연결 고리'로서 역할을 해왔다. 즉 엄마는 주로 모성 본능에 의해 아이의 안전과 편안함을 챙기는 데 반해, 아빠는 아이를 더 넓은 세상으로 이끌려고 하는 것이다. 기러기 아빠는 있지만, 기러기 엄마는 없는 것도 이 때문이다.

실제로 부모가 아이와 함께할 수 있는 시간은 그리 길지 않다. 길어 봤자 10년 정도다. 아이가 부모와의 기억을 공유할 수 있으려면 적어도 5~6세는 되어야 하는데, 어쩌면 이때부터 청소년기까지가 부모와 아이가 함께할 수 있는 시간일 것이다. 대학생이 되면 아이는 더 이상 품 안의 자식이 아니다. 물론 대학생이 된 아이를 여전히 어린아이 취급하는 부모도 있지만, 이는 결코 바람직한 태도가 아니다. 청소년기를 거쳐 성인이 된 아이는 세상으로 내보내야 한다. 서구에서는 아이가 스무 살이 넘으면 집에서 독립시키는 전통이 있다.

물론 아이를 독립시킬 때 부모의 마음은 뿌듯함보다는 안타까움이 앞선다. 그렇지만 그것은 아이의 더 큰 성장을 위한 출발이다. 이때 엄마는 절대 아이를 과잉보호해서는 안 된다. 이는 아이를 사회에서 낙오자로 만들 수도 있기 때문이다. 좀 과장해서 말하면 우리나라 교육의 가장 큰 문제 중 하나는 엄마의 '과잉 교육'이라고 할 수 있다.

조지프 캠벨Joseph A. Campbell은 『신화의 세계』에서 아들은 일생에 한 번 아빠를 찾아가는 여정을 거쳐야 한다고 강조한다.

아테나 여신은 오디세우스의 아들 텔레마코스에게 트로이 전쟁에 참가한 아버지가 아직 살아 있다는 소식을 알려 주며 가서 아버지를 찾으라고 말한다. 아버지를 찾는 일은 젊은 영웅에게 대단히 중요한 일일 터였다. 왜냐하면 아버지를 찾는 일은 곧 자신의 이력, 자기의 이름, 자기의 근본을 찾는 일이었기 때문이다. 따라서 이런 모험은 자진해서 하는 법이다.

그런데 아들은 여행을 잘 떠나려고 하지 않는다. 왜냐하면 엄마가 있기 때문이다. 이에 대해 캠벨은 이렇게 강조한다.

소년에게 가해지는 인생 입문의 시련은 소녀에게 가해지는 것보다 훨씬 가혹하다. 소녀는 원하든 원하지 않든지 간에 여자가 된다. 그러나 소년이 어른이 되기 위해서는 마음을 먹어야 한다. 초경을 경험하면 소녀는 어른이 된 거나 마찬가지지만, 소년은 먼저 어머니로부터 떨어져야 어른이 된다. "아버지를 찾으러 가라."는 신화가 전하고 있는 메시지가 바로 이것이다. 아버지를 찾아 나서라는 말은 '어머니로부터 벗어나라'는 의미가 포함되어 있다. 즉 어머니에게서 떠나는 통과의례인 것이다. 3000년 전 신화의 시대에서도 아들은 스무 살이 되면 어머니의 보호로부터 벗어나야 한다고 강조한 것이다.

그런데 왜 아들은 엄마에게서 벗어나기를 원하지 않을까. 그것은 바로 엄마의 '젖' 때문이다.

"아기는 엄마의 젖꼭지가 입술에 닿으면 무엇을 어떻게 해야 할지 안다. 아이의 기억에는 우리가 동물에게서 볼 수 있는 붙박이 행동 체계가 있다. 우리는 이걸 본능이라고 한다. 이게 바로 생물학적 기반이다. 그러나 여기에서 조금 더 지나면 외부로부터 강제를 당할 때마다 무엇인지 거북살스럽고 이질적이고 두렵고 죄의식이 느껴지는 일을 경험하게 된다. 이때 '문턱 넘기 의례'를 통해 해결할 수 있다."

조지프 캠벨이 말한 문턱 넘기 의례는 바로 아들이 아버지를 찾아 떠나는 것으로 정점을 이룬다.

아빠가 아들과 떠나는 도보여행은 바로 아들이 아빠를 찾아가는 과정이라 할 수 있다. 그동안 아들은 엄마와 함께 지내 왔고 보호받으며 살아왔다. 엄마가 곁에 있으면 먹고 싶고 보고 싶고 갖고 싶은 것들은 대부분 이룰 수 있었다. 엄마가 옆에 있으면 편하고 아늑하고 따뜻하다. 그런데 아빠와 있으면 왠지 불편하다. 원하는 것을 잘 들어주지도 않고 갖고 싶은 것을 가질 수도 없다. 대신 아빠의 기준에 맞지 않으면 야단을 맞거나 질책을 당한다. 아빠는 불편하고 무서운 대상인 셈이다. 그러나 언제나 아들이 엄마의 품에서 보호받을 수는 없다. 세상은 거칠고 냉혹하고 무자비한 승부의 세계다. 그 세계에서 살아남기 위해서는 경쟁을 피할 길이 없다. 아빠는 바로 경쟁의 세계, 살아가야 할 냉혹한 세상의 이야기들을 들려주는 존재다. 그 세상에서 이겨 낼 수 있는 경험과 지혜를 들려주는 존재다. 이때 반드시 아빠가 '좋은 아빠'일 필요는 없다. 아빠가 모두 착하고 훌륭하고 모범적이어야 반드시 아들이 훌륭한 인재로 성장하는 것도 아니기 때문이다. 때로 아빠는 '악당' 역할도 해야 한다. 단 악당이라고 해도 아들에게 따뜻한 사랑을 느끼게 해야 한다. 늘 손해 보는 존재, 그게 바로 아빠라는 자리다.

아빠가 아들하고만 도보여행을 떠나야 하는 이유가 여기에 있다. 그 길 위에서 아빠는 아들에게 세상을 살아갈 수 있는 길의 법칙에 관해 따뜻한 아빠의 가슴으로 들려줄 것이다. 아빠와 하는 도보여행이야말로 아들에게는 축복의 시간이 될 것이다. 물론 아빠에게도 더 없는 축복의 시간, 아빠로서의 존재 이유를 확인하는 시간이 될 것이다.

엄마 없이 아이가 괜찮을까, 불안해하지 않을까 염려하지 않아도 된다.

반드시 아빠가 '좋은 아빠'일 필요는 없다. 아빠가 모두 착하고 훌륭하고 모범적이어야 반드시 아들이 훌륭한 인재로 성장하는 것도 아니기 때문이다. 때로 아빠는 '악당' 역할도 해야 한다.

엄마와 함께하다 보면 아이는 엄마에게 자기도 모르게 의지하게 된다. 나 역시 이런 경험을 했다. 아내와 아들과 함께 가평에 있는 명지산을 오른 적이 있었다. 아들은 산행을 시작한 지 30분도 안 되어 힘들다며 쉬어 가자고 꾀를 부렸다. 조금 걷는가 싶다가도 물이 먹고 싶다, 다리가 아프니 쉬어 가자며 엄마를 졸랐다. 또 한번은 아들이 중학교 3학년이 되었을 때 4박 5일 동안 제주 올레길을 걸은 적이 있었다. 그중 하루는 엄마가 동행했는데, 이 기간 동안 아들은 엄마와 함께 다녔다. 당연히 도보 속도를 올리지 못해 뒤에 처지기 일쑤였다.

아이가 아프거나 힘들어하는 경우 엄마는 강한 모성 본능이 발휘된다. 여행을 할 때조차 집에서처럼 아이를 안락하고 편안하게 있게 하려고 한다. 이는 제대로 된 여행을 방해하는 요인이 된다. 도보여행은 더욱 그러하다. 도보여행을 하면서 인내심과 책임감을 키우며 끈기를 가르치려는 아빠의 계획은 차질을 빚고 만다.

도보여행은 더 의미 있는 '점'들로 연결되는 징검다리다

  2년 전 세상을 떠난 애플 창업자 스티브 잡스Steve Jobs는 2005년 6월 12일 스탠퍼드 대학교 졸업식 축사에서 출발과 시작, 노력의 중요성을 '점을 연결하는 일connecting the dots'이라고 표현했다. 그때는 내가 왜 이것을 하는지, 무엇을 위해 지금 이 사건이 일어났는지 알 수 없지만, 먼 훗날 뒤돌아보면 그 모든 일들이 거짓말처럼 분명한 선으로 드러나서 의미를 갖게 된다는 것이다. 다시 말해 연관되지 않을 듯 보이는 일(점, dot)들이 실은 서로 밀접하게 관련되어 좋은 결과를 만들어 낼 수 있다는 거였다. 자신이 살아온 일들을 서로 잘 연결시킬 수 있어야 좋은 성과를 낼 수 있다는 의미라고도 할 수 있다.

  그는 점을 연결하는 일로 자신이 리드 칼리지에서 청강으로 서체 디자인을 공부한 것을 꼽았다. 서체 디자인 공부를 할 당시에는 그것이 자신에게 도움이 되리라고는 전혀 생각하지 못했다. 단지 서체 디자인 공부가 좋아서 했을 뿐이다. 그런데 정확히 10년 후 그가 매킨토시를 디자인할 때 서체 디자인을 공부한 게 결정적인 도움이 되었다. 매킨토시 컴퓨터에 그가 공부한 서체를 탑재했던 것이다. 그것이 바로 과거에 자신이 했던 일을 현재에 활용하는 것으로, 잡스는 이를 '점을 연결하는 일'이라고 표현했다.

『사막을 건너는 여섯 가지 방법』의 저자 스티브 도나휴Steve Donahue는 추운 파리를 피해 따뜻한 지역에서 겨울을 보내고 싶다는 우연한 생각 하나로 사하라 사막을 종단한 사람이다. 따뜻한 남쪽 해변으로 간다는 목표 외에는 어떠한 세부 계획도 없었던 탓에 그는 수십 일간 사막을 헤매게 되었고, 그 여정을 통해 그는 인생이라는 사막을 건너는 지혜를 얻었다.

"인생이란 한동안 길을 잘 가는 듯하다가 다시 길을 잃는 과정의 연속이다. 인생의 대부분은 산이 아니라 사막을 닮았다."

도나휴는 인생을 '산'이 아니라 '사막'에 비유하는 게 더 적절하다고 주장한다. 산을 오를 때에는 정상이라는 목표가 있어서 모두 앞만 보고 갈 뿐이다. 하지만 사막은 정상이 없다. 그저 그 자체를 건너는 과정만 있을 뿐이다. 여기서 도나휴는 목표보다 과정을 중시하는 삶을 사는 게 더 의미가 있다며, '목표(산)'를 중시하는 문화에서 '과정(사막)'을 중시하는 문화로 바꾼다면, 현재의 삶을 훨씬 더 충실하게 살 수 있다고 강조한다. 사막을 건너는 자세로 인생의 사막을 건너야 한다는 것이다. 산의 정상을 목표로 올라가면 긴 휴식이 있을 것 같지만, 정작 산의 정상에 오르면 피곤한 상태에서의 짧은 휴식만이 있을 뿐이다. 사투를 벌이며 에베레스트 정상에 올라간 산악인도 그 정상에서 쉴 수 있는 시간은 5분이나 10분 정도에 불과하다. 반면에 사막은 정상이 따로 없어 오아시스가 나올 때마다 쉴 수 있으며 에너지를 충전해 여유롭게 (인생의) 사막을 건널 수 있다는 것이다.

스티브 도나휴에게 젊은 날 사하라 사막 여행은 그가 컨설턴트로서 독창적인 변화 관리 모델을 만들어 내는 데 결정적인 단초를 제공했다. 그는 현재 개인과 조직의 변화, 팀워크 혁신, 재능 발견 등에 관해 조언을 들려주는 컨설턴트 및 연사로 세계적으로 활동하고 있다.

사막 여행은 그를 세계적 컨설턴트로 이끈 '점'이었다. 디스코댄스 강사를 하던 그가 사하라 사막 여행에서 얻은 깨달음이 세계적인 변화 관리 컨설턴트가 될 수 있었던 하나의 점이 되어 준 것이다.

나는 지금 하는 일이 비록 미래에 어떤 결과로 이어질지 알 수 없지만 좋은 결과로 이어질 것이라고 믿으면서 현재의 일에 최선을 다하면 결국 좋은 일이 생긴다고 생각한다. 이것이 영화 〈죽은 시인의 사회〉에 키팅 선생이 말한 '카르페 디엠 carpe diem'의 진정한 의미일 것이다. 자신이 지금 하는 일이 마음에 들지 않더라도 최선을 다해 하다 보면 좋은 결과를 얻게 되고, 이는 또 다른 일을 할 수 있는 동력으로 작용한다. 이게 바로 자신이 하고 있는 일을 점과 점으로 연결하는 행위다.

지금 내가 아들과 만들고 있는 점은 '도보여행'이다. 한 해 두 해, 도보여행의 횟수가 쌓이면서 도보여행은 우리 가족의 상징적인 가족 문화가 되었다 (나는 이를 '밈Meme'이라고 부르는데, 이에 관해서는 2부에서 자세히 소개할 예정이다).

하버드 대학교 마이클 샌델 Michael J. Sandel 교수가 『돈으로 살 수 없는 것들』이란 책을 출간했다. 필시 아빠와 아들의 도보여행은 억만금으로도 살 수 없는 귀중한 보물이 되고도 남을 것이다. 그리고 이 일은 아들에게 훗날 어떤 소중한 경험으로 이어질 것으로 믿는다. 즉 지금의 도보여행이 나와 아이에게 '점'이 되어 미래의 어떤 점과 연결될 것이다. 짧게 보자면, 나와 아들의 도보여행을 바탕으로 한 이 책의 출간도 '점을 연결하는 일'이라고 할 수 있다.

부모로서 아들에게 어떠한 '점'을 만들어 주고 싶은가? 아직 아들과 점을 연결한 경험이 없다면 이번 방학에 떠나는 아들과의 도보여행을, 점을 연결하는 일의 시작과 출발로 삼을 수 있지 않을까?

진정한 아빠의 역할을 위해서는 2%의 차이를 알아야 한다

요즘 텔레비전 방송 중에서 〈아빠! 어디 가?〉라는 프로그램이 있어요. 여러 남자 연예인들이 아이들을 데리고 우리나라 이곳저곳을 돌아다니는 프로그램이에요. 가끔씩 미션으로 인해서 고생하는 장면이 나오는데, 이때마다 아빠랑 같이 도보여행 했던 것이 생각나요.

특히 방송에 나와 제일 유명해진 먹거리가 '짜파구리'가 아닐까 해요. 짜파구리는 너구리와 짜파게티를 같이 넣어서 끓인 것이에요. 저도 한번 만들어서 먹어 봤는데 자장면 맛이 나면서 약간 얼큰한 맛이 나는 것이 흡사 사천 자장을 먹는 듯한 기분이 들었어요. 나중에 제가 만들어 볼 테니 같이 먹어요.

_ 35번째 아빠에게 보내는 편지 중

이 글은 고등학교 2학년인 아들이 열 번째 도보여행을 다녀온 후에 내게 쓴 편지의 일부 내용이다. 아들의 말처럼 요즘 〈아빠! 어디 가?〉라는 프로그램이 인기라고 한다. 아빠와 아이가 수행하는 미션의 과정을 따라가다 보면 얼마나 아빠 역할이 힘든지 피부로 느껴진다.

아이와 단둘이 처음 여행을 떠나는 아빠의 어색함과 서투른 행동이 재미를 선사하는 반면, 아빠와 아이가 조금씩 가까워지는 모습은 진한 감동을 준다.

이 프로그램은 김유곤 PD의 경험담이 계기가 됐다고 한다. 일곱 살 된 아들이 있는데 평소에 잘 놀아 주지 못하니까 관계가 무척 서먹했다는 것이다. 그러다 하루는 큰맘 먹고 아들과 장난감 박물관에 갔는데, 어떻게 해줘야 할지 몰라서 힘들었다고 한다. 그때의 경험을 토대로 아빠와 아이의 관계를 짚어 보면서 아빠 역할에 대해 고민해 볼 수 있는 프로그램을 만들면 어떨까 하는 생각을 하게 되었다는 것이다.

그런데 나는 이 프로그램을 보면서 엄마들이 또 얼마나 아빠를 닦달할까 하는 생각이 들었다. 실제로 이 프로그램 때문에 아빠들이 굉장히 스트레스를 받는다고 한다. '친구 같은 아빠'가 되어야 한다는 분위기를 이 프로그램이 은연중에 강요하고 있기 때문이다. 사실 아빠는 아들과 친구처럼 지내기가 쉽지 않다. 특히 사춘기 아들이라면 더더욱 힘들다. 그런데도 친구처럼 지내지 못하면 아내로부터 면박을 당하기 일쑤다.

물론 친구 같은 아빠가 되는 것도 좋지만, 그렇다고 모든 아빠가 친구 같은 아빠가 될 필요는 없다. 아들이 어릴 때에는 아빠와 친구처럼 지내도 상관없지만, 사춘기가 되면 아빠를 대하는 태도가 크게 달라지므로 친구 같은 관계를 유지할 경우 위험할 수 있기 때문이다.

다시 말해 〈아빠! 어디 가?〉에서처럼 아빠가 아들과 친구처럼 지낼 수 있는 것도 어렸을 때뿐이다. 아들이 초등학교 6학년이나 중학교 1학년만 되어도 상황은 급격히 달라진다. 아들은 부모보다 친구와 어울리고 싶어하고 집에 있을 때는 좀처럼 자기 방에서 나오려 하지 않는다. 이런 모습에 당황한 부모들은 한 발 두 발 물러나다 이내 자포자기 상태에 빠져들면서 곤혹감과 낭패감에 사로잡힌다. 평소 친구처럼 아빠와 지낸 아들이라면 아빠를 무시하거나 외면하기 시작하고 자기만의 세계에 빠져들 확률이 더 크다.

사춘기에 막 접어들기 시작한 아들과 원만한 관계를 유지하기 위해서 어쩌면 가장 필요한 게 아빠와 아들이 함께 떠나는 도보여행이라고 생각한다. 그래서 〈아빠! 어디 가?〉 프로그램이 자녀교육의 진정한 해법을 찾고자 한다면 초등학생이 아니라 중학생 아이를 대상으로 하는 게 바람직하다고 생각한다. 아빠의 역할은 늘 귀엽고 예쁘기만 한 초등학생 아이가 아니라 정작 사춘기를 시작하는 아이에게 필요하기 때문이다.

일부 자녀교육 전문가들 역시 친구 같은 아빠가 되어선 안 된다고 주장한다. 친구 같은 아빠가 필요한 시기는 성인이 된 이후라는 것이다. 청소년 시기 부모와 아이가 친구처럼 지내면 위계 의식이 희박해져 부모의 말에 힘이 없어진다. 부모가 아무리 말을 해도 아이는 피식 웃고 넘길 수도 있다. 그것이 힘든 일이라면 더욱 그러하다. 반항심 가득한 사춘기 아이를 적절히 지도하고 방향을 잡아 주기 위해서는 힘 있고 권위 있는 아빠가 필요하다. 그렇다고 평소에는 친구처럼 허물없이 지내다가 갑자기 호랑이 아빠로 돌변

> 친구 같은 아빠가 되는 것도 좋지만, 그렇다고 모든 아빠가 친구 같은 아빠가 될 필요는 없다. 아들이 어릴 때에는 아빠와 친구처럼 지내도 상관없지만, 사춘기가 되면 아빠를 대하는 태도가 크게 달라지므로 친구 같은 관계를 유지할 경우 위험할 수 있기 때문이다.

할 수도 없는 노릇이다.

아빠와 아이는 애정과 신뢰로 맺어진 상하관계라고 할 수 있다. 애정과 신뢰는 아빠는 아빠답고, 아이는 아이다울 때 이루어진다. 아빠가 아빠답기 위해서는 어느 정도 권위가 반드시 필요하다. 이게 무너지면 부자관계는 엉망이 될 수 있다. 따라서 친구 같은 아빠보다 따뜻한 아빠를 지향하는 것이 더 바람직하지 않을까? 아빠의 사랑을 아이가 느낄 수만 있다면 다소 권위적이라고 해도 괜찮지 않을까? 아빠는 아빠로서의 권위가 반드시 필요하다. 권위주의에 사로잡혀 아이에게 늘 엄격하게 대하는 것과 구별한다면 말이다.

『주역』에 이런 말이 있다.

"아이들을 살갑게 키우기보다 엄하게 길러야 끝내 길(吉)하다."

즉 자녀는 가능한 한 엄하게 키우는 게 좋다는 얘기다. 나는 이 말을 바꿔 "51대 49로 가라."고 표현하곤 한다. 51의 엄함과 49의 자애로움을 가져야 한다는 뜻이다. 아무리 부모가 자애롭다고 해도 2 정도의 무게를 엄함에 두어야 한다는 것이다.

친구처럼 지낸다면 도보여행도 가기 힘들지 모른다. 요즘 아이들은 힘든 일은 하려 하지 않기 때문이다. 주말에 아이에게 뒷산이라도 올라갈까 하고 물으면 안 간다는 대답을 듣기 일쑤다. 그렇다고 평소 아이와 친구처럼 지내다 갑자기 돌변해 아빠의 권위를 내세우며 우격다짐으로 끌고 가기에도 난감하다.

그래서인지 내가 아들과 도보여행을 간다는 말을 하면 "아들이 함께 가려고 하느냐?"고 묻는 사람들이 많다. 도보여행같이 힘든 일을 하려고 하는 아이가 없기 때문이다. 사실 도보여행이 하고 싶은 아이가 어디 있겠는가. 하지만 아빠가 필요하다고, 해야겠다고 판단이 되면 아이를 설득시켜야 한다. 그리고 이때 필요한 게 아빠의 권위다.

아빠가 없는 여인 부족에게 배우는
아빠의 역할

몇 년 전 KBS에서 아마존의 여인 부족 '야루보족'을 소개하는 다큐 프로그램을 본 적이 있다. 수천 년 동안 아마존의 주인이었던 원주민들은 개발과 문명이라는 이름 아래 삶의 터전을 빼앗기고, 도시 빈민으로 전락하고 있었다. 그러나 정글 깊숙한 곳에는 아직도 원시의 모습으로 살아가는 부족이 남아 있는데, 그중에 하나가 전설로만 여겨졌던 여인 부족인 바로 야루보족이었다.

야루보족이 여인들끼리 살아가게 된 내력에는 슬픈 역사가 있었다. 19세기 말 백인들은 고무 채취를 위해 남자들을 잡아갔고, 여자들을 강제로 임신시켰다. 남편을 잃고 도망친 여인들은 함께 부족을 이루며 살았다. 대신 여인들은 종족을 보존하기 위해 임신이 필요할 때면 다른 부족 남성과 동침만 할 뿐 결혼 관계는 유지하지 않았다. 아들을 낳으면 노예로 끌려갔던 탓에 이 종족의 보존은 여성에 의해 이어지고 있었는데, 지금도 그때의 슬픈 잔재가 남아 아들이면 다른 부족에 맡기거나 아들과 함께 부족을 떠났다.

내가 이 여인 부족을 보며 가장 인상 깊었던 것은 원주민 여인들의 자녀 교육 방식이 우리나라나 교육 선진국보다 훨씬 더 엄격하고 교훈적이라는 점이었다.

공동생활을 하는 이들은 음식을 철저하게 나누어 먹었다. 맛있는 먹거리가 있으면 반드시 함께 나누어 먹어야 했다. 만일 혼자 맛있는 먹거리를 먹을 경우 혹독한 대가를 치렀다. 그런 야루보족에게는 '인내 훈련' 시간이 있다. 지난 며칠 동안 자신이 한 잘못을 모두 고백하는 시간이다. 만일 스스로 자신이 지은 잘못이나 죄를 고백하지 않으면 엄중한 징벌이 가해졌다. 한 여성의 딸이 개미 알을 혼자서 먹었으면서도 자신의 죄를 고백하지 않았다. 그러자 그 여성은 자신의 딸을 개미굴이 있는 나무 아래로 데려간 뒤 나무를 사정없이 흔들어 개미가 딸의 온몸에 떨어지게 했다. 딸은 개미에게 물어뜯기는 고통을 받으며 어쩔 줄 몰라 했다.

그 뒤 여성은 딸을 데리고 강으로 가서 개미가 달라붙어 있는 몸을 씻어 주었고, 이어 개미 독이 퍼지지 않게 수액으로 해독할 수 있도록 나무껍질을 빨아먹게 했다. 말하자면 '병 주고 약 주는' 식이었다. 잘못을 저지른 딸에게 가혹한 벌을 내렸지만, 그 후에는 사랑으로 딸을 치유해 주는 엄마의 모습은 참으로 인상적이고 감동적이었다.

야루보족은 남자 없이 여자들만의 부족이다. 즉 야루보족 여성은 우리 사회에서 남자인 아빠가 하는 역할을 여성인 엄마가 대신한다. 따라서 때로는

엄마는 아이가 청소년기에 접어들면 아이를 떠나보내는 연습을 해야 한다.

강한 벌을 줌으로써 공동체를 위협하는 이기심을 없애고, 생존에 필요한 기술, 즉 사냥술이나 먹거리를 찾는 기술, 나무껍질에서 나오는 수액 등으로 상처를 치유하는 법을 전수한다. 아빠와 함께 살고 있지 않은 야루보족 엄마가 인내 훈련을 하는 목적은 바로 아빠가 해주지 못하는 역할을 엄마가 대신 해주는 데 있다. 그런 인내 훈련을 통해 함께 살아가는 태도를 몸에 익히지 못하면 사회에서 살아갈 수 없기 때문이다.

여기서 우리는 교훈을 얻을 수 있다. 아이를 잘 키우기 위해서는 아이를 돌보고 보호하는 역할만이 아니라, 아이의 방향을 제대로 잡아 주고 엄하게 대하는 역할이 필요하다는 것을 말이다.

엄마는 아이를 편안하게 해주고 챙겨 줄 때보다 엄마의 모성 본능을 억누를 때에 오히려 아이가 더 크게 성장한다는 사실을 직시해야 한다. 항상 아이를 챙겨 주고 보살펴 주며 뒷바라지를 해주다 보면 엄마는 아이를 떠나보낼 수 없다.

엄마는 아이가 청소년기에 접어들면 아이를 떠나보내는 연습을 해야 한다. 그렇지 않으면 아이가 성인이 되었을 때 '빈둥지증후군(중년의 주부가 자기 정체성 상실을 느끼는 심리적 현상)'이나 '자아상실감'을 겪을 수 있다.

아빠와 아이끼리만 떠나는 도보여행은 그러한 엄마의 보호 본능에서 벗어나 아이를 마음껏 강하게 훈련시킬 수 있는 절호의 기회다. 그리고 혹시 아빠와 함께 살고 있지 않거나 아빠가 도저히 시간이 안 돼 엄마와 함께 도보여행을 가야 한다면 야루보족 엄마가 딸에게 한 인내 훈련의 참된 의미를 마음속으로 음미하길 바란다. 야루보족의 '아빠 같은 엄마' 역할을 제대로 해낸다면 엄마와 떠나는 도보여행도 아빠와 떠나는 여행만큼 성과를 낼 수 있을 것이다.

아빠가 이끌어 주는
9가지 내면의 힘

"아버지는 어린애를 가르치는 사람이고 어린애에게 세계로 들어서는 길을
지시해 주는 사람이다."

_에리히 프롬 Erich Pinchas From

초등학교 6학년 여름방학 때 도보여행을 갔다 오면 네가 사고 싶은 것을 선물로 사주겠다는 아빠의 제안에 그만 넘어가고 말았다. 그게 방학이면 고단한 도보여행의 시작이 될 줄은 몰랐다.

아빠와 도보여행을 하면서 좋은 일만 있는 것은 아니다. 아빠는 도보여행을 하면서 이런저런 이야기를 들려주는데 그게 잔소리로 들린다. 도보여행을 할 때마다 카메라는 내 담당이다. 그런데 나는 준비성이 좀 부족한 편이고 덜렁대기도 해 카메라 주변기기를 제대로 챙기지 못한다. 이로 인해서 도보여행 때 사진을 제대로 찍지 못한 적이 있었는데 이때마다 아빠의 잔소리를 피할 수 없다.

그래도 도보여행을 하면서 아빠와 많이 친해진 것 같다. 도보여행을 떠나기 전에는 많은 대화를 나누지 못한다. 나는 공부하느라 바쁘고 아빠는 일하느라 늘 바쁘기 때문이다. 하지만 도보여행을 하면 이것저것 많은 대화를 나누게 된다. 이야기를 서로 하지 않으면 심심해서 절로 이야기를 하게 된다. 무료할 때에는 낱말 잇기 게임을 하는데 어휘력도 좋아지는 것 같고 시간도 잘 간다. 나는 그런 점에서 도보여행이 마음에 든다.

솔직히 도보여행을 안 갔으면 바라는 마음도 있지만 정작 도보여행을 갔다 오면 몸이 근질근질해지고 자신감도 생긴다. 시내에서도 웬만한 거리는 걸어간다. 비록 잔소리를 듣기도 하고 때로 야단도 맞지만 그보다 많은 것을 배우는 것 같다. 아빠가 혼자 도보여행을 하라고 하면 못했을 거라면서 함께 도보여행을 해주어 고맙다고 할 때는 쑥스럽기도 했다. 아빠와 한 도보여행 덕분에 추억도 많이 생기고 사춘기가 나도 모르게 지나간 것 같다.

– 《여성중앙》 도보여행기 중

아들의 글에도 쓰여 있듯이 나는 아들이 초등학교 6학년일 때부터 고등학교 1학년이 될 때까지 방학마다 도보여행을 다녀왔다. 너무 바빠 도보여행을 미루고 싶었던 적도 있지만 무슨 일이 있어도 매년 방학마다 빠짐없이 도보여행을 다녀왔다. 짧게는 2박 3일부터 길게는 5박 6일간의 여정이었다. 엄마가 아이와 함께 해주는 시간에 비하면 턱없이 짧은 시간들이지만, 10대의 아들과 소통하고 아들의 능력을 끌어 주고 성장시키는 아주 귀한 시간들이었다. 특히 나는 유럽 명문가의 교육여행 중에서도 왕따에 학교에 적응하지 못한 타고르Rabindranath Tagore를 동양 최초의 노벨상을 받은 인물로 키워 낸 아버지의 교육여행에서 얻은 교훈을 바탕으로, 도보여행일지라도 그 효과를 극대화할 수 있도록 노력하였다.

여행이 주는 자녀교육의 효과가 최근 주목받고 있지만, 사실 오래 전부터 유럽에서는 여행을 교육의 수단으로 활용해 왔다. 17세기 영국에서 시작되어 19세기 미국으로까지 귀족들의 교육여행이 널리 퍼졌는데 이를 '그랜드 투어'라고 부른다. 그랜드 투어가 일반화된 데에는 영국의 국가적·교육적 상황 등의 요인이 있었지만, 그랜드 투어는 당시 엘리트 교육의 최종 단계로 인식되었다. 보통 2~3년 동안 유럽 각 나라를 돌아다니면서 그곳에서 각 분야의 지성과 만나 학습하고, 각 나라의 문화, 언어 등을 배우는 여행으로, 최고의 지성들이 이 여행을 통해 탄생되었다.

그랜드 투어는 마차나 차량을 주로 이용하였는데, 18세기 말부터 걷기를 위주로 한 '쁘띠 투어'가 등장하기 시작했다. 조지프 아마토Joseph A. Amato가 쓴 『걷기, 인간과 세상의 대화』에 따르면 쁘띠 투어란 도보여행을 하며 대자연과 도심의 구석구석을 여행하는 것이다. 중요한 인물들을 만나거나 반드시 가봐야 하는 장소를 찾는 그랜드 투어와 달리 자신들만의 즐거움을 추구하는 성향이 강한 게 쁘띠 투어다. 일부 여행객들은 후미진 길을 걸으며 시상을 떠올리기도 했다. 달리 말하자면 유럽에서 도보여행은 쁘띠 투어가 시작된 18세기말부터 유행하기 시작했다는 말이다.

이의 등장으로 걷기와 여행은 자아, 예술, 학문을 만들어 내는 수단으로 인식되게 되었다. 이런 변화를 주도하던 이들이 바로 워즈워스를 비롯한 낭만주의 작가들로 시골과 자연을 인간의 감정 지식 경험의 새로운 근원으로 간주했다.

　이처럼 도보여행은 과거부터 교육의 수단으로서 인식되어져 왔다. 그만큼 도보여행이 주는 교육적 효과가 크다는 의미다. 2부에서는 아들과 도보여행을 계획 중인 아빠에게 도움을 줄 수 있도록 나의 도보여행 경험담과 함께 다양한 위인들의 이야기를 바탕으로 아빠가 끌어 줄 수 있는 내면의 힘을 키워드별로 소개하고자 한다.

1. '재발견':
아빠는 아들을 크게 키울 수도 작게 키울 수도 있다

아빠는 아이가 치열한 생존 경쟁을 통해 한 사람의 존경받는 인재로 우뚝 서기를 바란다. 문제는 아빠의 육아 본능이 엄마와는 정반대로 아이를 혼내고 가르치려고만 한다는 점이다. 그것도 아이와 따뜻한 교감이 배제된 상태로 말이다. 이럴수록 아이는 아빠에게서 생존 기술을 배우기는커녕 초라하고 보잘것없는 자신을 발견할 뿐이다.

아들은 아빠를 통해
자신의 능력을 확인한다

    인도에는 이런 전설이 있다. 엄마는 아이를 품에 안고서 "엄마가 편안하게 해줄게."라고 말하고, 아빠는 아이를 산 정상으로 데려가 "보아라, 이것이 바로 세상이다. 네게 세상을 보여 주겠다."라고 말한다는 것이다.

    이는 마이클 다이아몬드의 『사랑한다 아들아』에 나오는 내용이다. 여러 번 반복해서 말하고 있지만, 인도의 전설에서처럼 엄마는 기본적으로 아이를 편안하게 해주려는 모성 본능을 지니고 있는 것만은 분명한 사실이다. 즉 엄마의 역할과 아빠의 역할은 근본적으로 다르다. 엄마는 아이를 10개월 동안 배 속에서 키우기에 본능적으로 보호하려고 하며, 아이가 안전한지 늘 걱정한다. 반면에 아빠는 아이의 안전과 편안함을 걱정하기도 하지만, 그보다 아이가 더 넓은 세상에서 치열한 생존 경쟁을 통해 한 사람의 존경받는 인재로 우뚝 서기를 바란다. 그래서 아이가 세상의 경쟁에서 이길 수 있게끔 생존 기술을 가르쳐 주고, 부족한 점을 단련하도록 독려하며 채찍질한다.

문제는 아빠의 육아 본능이 엄마와는 정반대로 아이를 혼내고 가르치려고만 한다는 점이다. 그것도 아이와의 따뜻한 교감이 배제된 상태로 말이다. 이럴수록 아이는 아빠에게서 생존 기술을 배우기는커녕 초라하고 보잘것없는 자신을 발견할 뿐이다.

아이에게 엄마는 안식의 대상이라면, 아빠는 인정받고 싶은 대상이다. 아이는 아빠를 자기보다 세고 똑똑하며 합리적인 존재로 여긴다. 그런 존재로부터 인정받고 칭찬받을 때 아이는 자신감이 생기고 성취감이 높아진다. 아빠가 아이와 놀아 줄 때 아이라고 봐주기보다 최선을 다해서 임하는 것도 중요하지만, 때로는 아이에게 져줄 필요가 있다. 아이는 자신이 아빠를 이겼다는 생각에 의기양양해지고 자신감을 가질 수 있기 때문이다. 자기 능력을 훨씬 뛰어넘는 존재인 아빠를 이겼다는 사실은 아이로 하여금 불가능해 보이는 일에도 도전할 수 있는 자신감을 심어 준다.

아들을 재발견하다

> 나는 이번 도보여행을 시작하기 전에 흥사단이라는 단체에서 주최하는 국토순례에 두 번 참여했다. 그 덕분에 도보를 할 때 편하게 쉬는 방법과 페이스를 조절하는 법 등을 배울 수 있었다. 마라톤과 마찬가지로 도보여행 역시 적절한 페이스 조절이 중요하기 때문에 휴식 시간, 걷는 시간을 정해서 규칙적으로 따라야 한다. 여행을 시작하기 전에 아빠에게 말했더니 그렇게 하자고 해서 1시간 걷고, 10~15분 정도 쉬기로 했다. 도보여행은 아빠보다 내가 선배 같은 느낌이 들었다.
>
> _1번째 도보여행기 중

아들이 나와 첫 번째 도보여행을 갔다가 와서 쓴 글이다. 아들은 초등학교 4학년 때부터 도보여행을 다녔었다. 마침 흥사단에서 여름방학 캠프로 국토순례가 있다고 해서 보낸 것이었다. 의도는 좋았지만 막상 여름 장마가 시작되어 걱정부터 앞섰다. 다행히 무사히 국토순례를 마치고 돌아온 아들의 모습은 완전히 새까맣게 타서 미안할 지경이었다.

그런데도 다음 해 나는 아이를 또다시 국토순례를 하도록 부추겼다. 아들은 순순히 내 뜻을 따랐다. 그다음 해 여름방학 때는 유럽 명문가들의 교육여행을 떠올리며 아들과 도보여행을 하면 어떨까 하는 생각이 들었다. 그동안 혼자만 보내서 미안했는데, 미안한 마음도 덜고 도보여행의 재미도 맛보고 싶었다. 도보여행 행선지와 일정은 지리산 둘레길 120km를 5박 6일 동안 걷는 거였다. 아들은 도보여행이 처음인 나와 달리 경험이 있어서인지 휴식 시간을 정해 두고 걸어야 한다는 등 '고참'의 면모를 물씬 풍겼다.

한여름 무더위를 뚫고 걷는 동안 나는 체력이 바닥나 아들보다 힘겨워했다. 내가 힘이 들어 아들에게 "힘들지 않니?" 하고 넌지시 물어보면 아들은 배시시 웃기만 했다. 단 한 번도 "아빠, 힘들어 죽겠어요. 좀 쉬었다 가요!"라는 말을 하지 않았다. 그래서 오히려 내가 6학년 아들의 눈치를 봐야 했다.

한번은 아들이 "아빠가 가장 많이 한 말이 뭔지 아세요? 바로 '지금 몇 시냐?'라는 말이에요."라고 흉을 보기도 했다.

심지어 나는 산청 차황에서 산청읍으로 가는 재를 넘다 너무 지친 나머지 마을 입구에 마련된 돗자리에 드러눕고 말았다. 한 30분 정도 눈을 붙였을까 싶었는데, 아들 말에 따르면 무려 1시간 20분 동안 아무리 깨워도 일어나지 않고 자더라는 것이었다. 보기 좋게 아들에게 완패를 당하고 말았다.

도보여행을 하면서 때로는 아빠인 나조차 포기하고 싶어질 정도 힘든 순간들이 많았다. 그런 나와 달리 여정 동안 힘든 내색 한 번 하지 않는 아들의 모습을 보며 얄미운 생각도 들었지만 대견한 마음이 더 컸다. 도보여행을 통해 마냥 여리고 보살핌이 필요한 존재라고만 생각했던 아들을 새롭게 보게 되었다.

성적을 올리는 것보다 중요한 건 자신감이다

세상의 부모 중 자녀한테 욕심이 없는 부모가 있을까. 나 역시 아들에 대한 기대가 커서 본의 아니게 버럭 화를 내는 경우가 많다. 100번 잘하다가 1번이라도 잘못하면 금방 혼부터 내고 만다. 물론 아들이 이 험난한 세상을 잘 살아갈 수 있도록 강하게 키우고 싶은 마음 때문이라고 표면적인 이유를 갖다 붙이지만, 사실은 어른으로서 감정 조절에 실패한 탓이 컸다. 그걸 이 여행을 통해 깨달았다. 이미 아들은 나의 염려와 달리 힘들다고 투정 한번 부리지 않을 정도로 강인한 내면의 힘을 갖고 있었다.

문득 한국인 최초로 시각장애인으로서 교육학과 철학박사를 딴 강영우 박사의 일화가 떠올랐다. 그는 미국 백악관 국가장애위원회 정책차관보와 유엔 세계장애위원회 부의장 등을 역임하면서 우리에게 널리 알려졌다. 교육학 박사였던 그는 두 아들의 교육에도 열성적이었다. 그러던 어느 날 큰아들이 화를 내며 이렇게 말했다.

"나는 아빠가 생각하는 것만큼 똑똑하지도 않고 천재도 아니에요."

공부를 그리 잘하는 편이 아니었던 큰아들이 그동안 쌓였던 스트레스를 표출한 것이었다. 이 말을 들은 강영우 박사는 '아, 이 아이에게 지금 필요한 건 성적을 올리고 1등을 하는 게 아니'라는 걸 깨달았다.

부모가 자신의 욕심을 투사해 아이를 대하면 아이에게는 그것이 강박이 된다. 강영우 박사는 이대로 가다가는 큰일이 날 것 같았다. 그래서 먼저 아이의 자신감을 키워 주기 위해 아들과 같은 날 태어난 역사적 인물을 찾아보자고 제안했다. 그 인물을 통해 아이가 자신감을 갖고, 그 인물과 자신을 동일시하여 스스로 소중한 존재라고 생각하게 하기 위해서였다. 다음에는 동생이랑 같은 날에 태어난 역사적 인물을 찾아보게 하는 식으로 자신감을 북돋워 줬더니 아이는 어느새 자신감을 회복하더니 성적도 쑥쑥 올라가 지금은 미국 듀크 대학에서 안과의사로 활동하고 있다.

만일 부모가 계속해서 자신의 욕심을 아이에게 투사시켰다면 아이는 엇나갔을 것이다. 이를 알면서도 아이만 보면 욕심이 앞서는 게 부모다. 나 역시 알게 모르게 툭툭 내뱉는 말들로 아들에게 많은 부담감을 주었을 것이다. 아이에게 무엇보다 중요한 것은 부모로부터 인정받는 것이다. 이러한 경험이 아이의 자신감을 키워 준다.

특히 아빠의 칭찬과 인정이 중요하다. 아빠는 아이를 객관적으로 바라보고 평가하기 때문에 아빠의 칭찬은 아이에게 더 많은 가치와 의미를 부여한다. 사실 이를 알면서도 실천하기 어려운 게 아빠다. 여행을 마치고 나면 아들에게 "이번 도보여행을 함께해 줘 정말 고맙구나."라고 항상 말하는 등,

100번 잘하다가 1번이라도 잘못하면 금방 혼부터 내고 만다. 물론 아들이 이 험난한 세상을 잘 살아갈 수 있도록 강하게 키우고 싶은 마음 때문이라고 표면적인 이유를 갖다 붙이지만, 사실은 어른으로서 감정 조절에 실패한 탓이 컸다. 그걸 이 여행을 통해 깨달았다.

나는 도보여행을 하며 사소한 일도 아들을 칭찬하고자 노력했다. 물론 생각처럼 잘 되지는 않은 것 같다.

이상하게도 아들 앞에만 서면 부족하고 채워야 할 점만 눈에 들어온다. 하지만 딱히 칭찬할 만한 점이 보이지 않을 때는 평소 아들의 습관까지 칭찬해 가며 아들에게 자신감을 심어 주고자 했다.

칭찬에도 요령이 있다고 한다. 칭찬받을 일을 했을 때는 그 자리에서 칭찬하는 게 좋다. 이때 아이가 이루어 낸 성취물에 중점을 둬야 한다. 아이의 성격이나 인격보다 노력하여 성취한 것에 대해 칭찬하는 것이다. 또 칭찬할 때는 성적처럼 단기적인 행동에 의한 성과보다는 규칙적인 생활 태도처럼 장기적인 노력에 의한 성과에 대해 더 많은 가치를 두는 게 좋다.

이런 노력과 함께 나는 아들이 스스로 자긍심을 가질 수 있도록 아들에게 여행기를 써보라고 부추겼다. 실제로 여행을 갔다 오면 그저 갔다 왔다는 것만으로 만족하고 뭔가를 기록으로 남기는 것은 귀찮아한다. 하지만 여행할 때의 여정을 하나하나 되짚어 보고 에피소드들을 다시 기록하다 보면 내가 이 일을 해내다니 하며 뿌듯한 마음이 들기도 한다. 나는 그걸 아들이 느꼈으면 하고 바랐다.

어떤 부모는 아이가 싫어하면 시키지 않는 경향이 있는데 나는 부모니까 그렇게 해서는 안 된다고 생각한다. 아이에게 필요하다고 생각되는 일은 반드시 하게 해야 한다. 그게 부모의 역할이다.

대문호 카잔차키스의 아버지에게 배우는 자녀교육법

"아빠의 절대적 믿음이
대문호 니코스 카잔차키스를 만들다"

『그리스인 조르바』와 『영혼의 자서전』으로 잘 알려진 그리스의 작가 니코스 카잔차키스는 수많은 여행을 통해 위대하고 자유로운 영혼을 가진 대문호가 될 수 있었다. 그가 유럽으로 여행을 떠날 수 있었던 것은 대학을 졸업하고도 취직을 포기한 아들을 구박하고 포기하는 대신에 더 넓은 세상으로 여행을 떠나보낸 아버지 덕분이었다. 그의 아버지는 글자조차 몰랐던 '촌부'였지만, 아들을 세계 최고의 지성을 가진 작가로 키워 냈다.

니코스는 대학을 졸업하고서도 취직은 하지 않고 언제나 이국땅을 그리워했다. 아들에 대한 기대가 컸던 그의 아버지는 아들의 그런 모습이 좋아 보일 리 없었다. 그러던 어느 날 그 모습을 더는 볼 수 없었던 아버지는 아들을 향해 언제까지 빈둥거릴 거냐고 물었다. 그러자 니코스는 아직 준비가 되어 있지 않다며, 더 훌륭한 무엇을 배우고 싶다고 말했다. 아들의 숨은 의지를 알아차린 아버지는 긴 침묵 끝에 "좋아, 가거라."라고 말하며 아들의 여행을 허락했다.

> 거지 같은 포도원이나, 건포도나, 포도주나, 올리브 기름이 다 뭐야! 내 아들을 위해서라면 내가 거둔 모든 수확이 종이와 잉크가 되었으면 좋겠어! 난 그 애를 믿으니까.
>
> _『영혼의 자서전』 중

니코스의 자서전에 소개된 글을 보더라도 아들에 대한 아버지의 믿음이 얼마나 돈독했는지 알 수 있다. 니코스의 아버지는 그가 어렸을 때부터 "참된 인간은 두려워하지만, 그러면서도 두려움을 정복하지. 난 너를 믿는다."고 말했다.

과연 이렇게 할 수 있는 부모가 얼마나 될까. 부모의 바람과 달리 먼 이국 땅만을 그리워하며 허송생활을 보내는 아들을 떠나보내기 위해서는 아들에 대한 강한 믿음이 있지 않고서는 어려울 것이다.

그러한 믿음이 있었기에 니코스 카잔차키스는 대학을 졸업하고도 취직을 하지 않고 부모님을 졸라 유럽 여행으로 떠날 수 있었다. 파리 도서관에서 처음으로 철학자 니체의 『차라투스트라는 이렇게 말했다』를 접하면서 지식의 갈증을 채웠고, 급기야 니체가 태어난 곳인 제네바로 순례의 길에 나서며 위대한 작가로 성장하는 여정을 시작했다.

그의 아버지는 아들을 절대적으로 믿고 지지해 주는 한편 큰 뜻을 품고 넓은 세상으로 떠나는 아들의 의지를 다지기 위해 이렇게 물었다고 한다.

"해적이던 할아버지는 배들을 쳐부수고, 죽이고, 재물을 빼앗아 재산을 모았지. 넌 뭐냐! 넌 무슨 배를 쳐부술 생각이냐?"

아들이 부디 의미 있는 일을 하고 사회에서 인정받는 성공한 인물이 되기를 바라는 마음을 여실히 느낄 수 있다.

니코스가 도전과 모험 정신으로 자유와 영혼을 노래하며 한계에 도전하는 투쟁적인 인간상을 그리는 작가로 우뚝 설 수 있었던 것은 무엇보다 아들을 끝까지 믿고 자유롭게 여행을 할 수 있도록 배려했던 아버지 덕분이 아닐까 싶다.

2. '문화유전자':
가족의 문화유전자를 잇는다

'아버지 요인'이란 아버지의 태도, 행동, 가치, 직업 윤리, 그리고 자녀와의 관계 유형 등이 아버지의 생존 여부를 떠나 우리의 삶에 평생 영향을 미친다는 것이다. 나는 아버지가 긍정적이든 부정적이든 아이에게 영향을 미친다면, 이왕이면 아들에게 긍정적인 영향을 주고 싶었다. 위대한 유산으로서 우리 가족만의 문화유전자를 남겨 주고 싶었다.

우리 집만의 문화유전자가
인재를 만든다

'아버지 요인Father Factor'이란 말이 있다. 미국의 저명한 임상심리학자이자 라이프스타일 코치인 스테판 폴터Stephan B. Poulter가 처음 사용한 용어로, 아버지는 우리의 삶에 일생 동안 영향을 미친다며 '아버지 요인'을 개념화했다.

'아버지 요인'이란 아버지의 태도, 행동, 가치, 직업 윤리 그리고 자녀와의 관계 유형 등이 아버지의 생존 여부를 떠나 우리의 삶에 평생 영향을 미친다는 것이다. 어떤 사람들은 아버지가 자신의 진로와 직장생활에 영향을 준다는 말을 받아들이려고 하지 않는다. 그러나 성인이 된 자녀가 사회생활을 하면서 겪는 문제들의 근원을 추적해 보면 아버지의 영향이 매우 큰 것을 알 수 있다.

나 역시 마찬가지다. 아버지가 세상을 떠나신 지 올해로 꼭 33년이 되었는데도 나는 아버지의 영향으로부터 자유롭지 못한 걸 알고 있다. 그래서 나는 아버지가 긍정적이든 부정적이든 아이에게 영향을 미친다면, 이왕이면 아들에게 긍정적인 영향을 주고 싶었다. 세대가 공유할 수 있는 정신적 유산으로서 우리 가족만의 문화유전자를 남겨 주고 싶었던 것이다. 문화유전자란 '밈'이라고도 한다. 인간은 모방 능력을 가지고 있어 아이는 부모의 언어 습관과 행동을 학습하는데, 이처럼 모방 등의 비유전적인 방법을 통해 전달되는 문화 요소를 밈이라고 한다. 선천적으로 타고난 재능이 아닌 후천적인 교육으로 인해 만들어 주는 유전자인 셈이다.

나는 아들과 도보여행을 하면서 나의 아버지와 나 그리고 아들이 서로 과거와 현재를 공유함으로써 아들이 자신만의 미래를 만들어 갈 수 있기를 바랐다. 그래서 일부러 그러한 장소를 도보여행 일정에 넣곤 했다.

또한 나는 우리 가족만의 문화유전자를 유산으로 남기기 위해 '편지 쓰기'를 착수했다. 우연히 영국의 경제학자인 존 케인스 John Maynard Keynes에 대한 칼럼을 준비하다 케인스가 어린 시절부터 아버지에게 편지를 보낸 사실을 알게 되었다. 대부분 아버지가 자녀에게 편지를 먼저 쓰는데 케인스 부자는 반대였다. 케인스는 경제학자로는 드물게 유려한 문체로 유명한데, 그 비결은 바로 일곱 살 때부터 아버지에게 쓰기 시작한 편지 덕분이란 걸 알았다. 케인스 아버지는 케인스가 이튼스쿨에 들어가자 "공부가 진행되는 상황을 매주 내게 알려 주기 바란다."라며 매주 한 번씩 자신에게 편지를 쓰게 했다. 아버지는 이 내용을 바탕으로 아들의 공부 방법, 시험 성적, 글쓰기 스타일, 품행에 관해 알 수 있었고, 그때마다 편지로 조언해 주었다. 결과는 대성공이었고, 케인스는 이튼을 우수한 성적으로 졸업하고 케임브리지 대학교에 진학했다.

　이 방식이 탐이 났던 나는 아들에게 넌지시 이 사실을 이야기하며 한번 써보지 않겠느냐고 물었다. 그랬더니 고맙게도 아들은 흔쾌히 한번 해보겠다고 했다. 그렇게 시작해서 지금은 매달 서너 번씩 아들에게 편지를 받고 있다. 이 편지 덕분에 나는 아들이 학교생활을 어떻게 하는지 또 무슨 생각을 하고 어떤 계획과 꿈을 가지고 있는지 알게 되었다. 나 역시 아들에게 할 이야기가 있으면 편지를 쓴다. 10대 아이와 아빠가 하루에 나누는 대화가 인사에 불과하다고 하는데, 편지 쓰기는 나와 아들 사이의 소통 수단으로서 역할을 톡톡히 하고 있다.

　더구나 나와 아들이 주고 받은 공부 편지는 아들이 먼저 쓰고 아빠가 답신을 해주는 방식으로 2012년 6월부터 2013년 5월까지 1년 동안 《여성중앙》에 연재되기도 했다. 아들에게도 나에게도 참으로 즐겁고 의미 있는 일이었다.

　많은 전문가들이 10대 때야말로 아이에게 부모의 사랑과 관심이 필요하다고 말한다. 하지만 항상 부모를 거부하고 반항하는 모습을 보이는 이 시기 아이에게 부모의 직접적이고 갑작스러운 사랑의 표현은 부정적인 영향을 줄 수도 있다. 이런 면에서 편지는 자연스럽게 부모의 애정을 표현할 수 있어 좋다. 특히 감정 표현이 어색한 아빠에게는 더욱 좋은 수단이 된다. 편지를 통해 아빠의 사랑을 자연스럽게 느낄 수 있으므로 잘 활용하면 사랑받는 아빠가 될 수 있다. 더욱이 편지를 쓰다 보면 정작 아빠 자신도 마음 정리가 되고 성찰하는 시간을 가질 수 있다.

　꼭 손으로 직접 쓴 편지여야 하는 건 아니다. 전자메일이나 가족 카페, 블로그 등을 활용해 주고받아도 좋다.

　우리 집만의 문화유전자를 남겨 주기 위해 하고 있는 또 하나는 '신문 스크랩'이다. 아빠 역할을 하다 보면 무엇보다 아들과의 대화거리가 절실히 필요한데, 이때 신문 스크랩이 다양한 화제를 제공한다. 게다가 시사 상식도 풍부해지고 논술도 대비할 수 있으니, 일거양득이란 생각이 들었다. 물론 처음부터 쉬운 건 아니었다. 먼저 자연스럽게 식탁에서 신문에서 본 기사를 소재로 이야기를 했다. 그리고 아들에게 관심이 가는 기사를 고르도록 한 뒤 그것에 관해 이야기를 나누었다. 초등학교 5학년 때부터 시작했는데 그때는 신문에 대한 흥미를 살리는 데 중점을 두었다. 중학교 1학년이 되면서 본격적으로 스크랩을 시켰다.

　신문이 주는 이점은 이루 말할 수 없다. 미국 전 대통령이었던 존 F. 케네디John F. Kennedy와 세계 최고의 부자인 빌 게이츠William H. Gates와 워런 버핏Warren Buffett은 매일 신문을 서너 개씩 보는 신문 예찬론자들이다. 나는 아들에게 이렇게 말하며 신문을 보도록 독려했다.

　"미국에서 가장 존경받는 존 F. 케네디 대통령도 어릴 때부터 신문을 보고 자랐단다. 그게 습관이 되어 고등학생이 되어서도 신문을 계속 읽었고. 너도 어릴 때부터 신문 스크랩을 해오고 있는데, 나중에 대학교에 가서나 사회생활을 할 때도 그 습관을 유지했으면 좋겠구나."

　사실 어른이 되면 신문 스크랩하는 게 정말 힘들다. 그렇지만 해놓고 보면 그것이 알게 모르게 큰 자산이 된다는 걸 알 수 있다. 꾸준히 해온 신문 스크랩은 아들에게 좋은 추억을 만들어 주기도 했다. 한번은 학교에서 신문 스크랩을 숙제로 시킨 적이 있다. 아들은 그간 해오고 있던 신문 스크랩을 가져갔고 이를 본 선생님이 왜 이렇게 많이 해갖고 왔냐며 깜짝 놀랐다. 그러자 아들이 평소 집에서 매일 하고 있다고 말씀드리자 선생님이 좋은 습관을 가지고 있다며 칭찬해 주었다고 한다. 나는 칭찬을 받아 기분이 좋아진 아들에게 신문을 읽고 스크랩하는 습관은 훗날 큰 도움이 될 밑천들을 차곡차곡 쌓는 것과 마찬가지라며 말해 주었다.

이처럼 아들에게 우리 집만의 문화유전자를 남겨 주기 위해 도보여행, 편지 쓰기, 신문 스크랩을 시키고 있지만, 이러한 활동만이 아니라 활동을 통해 오고간 부자간의 교류와 감정들이 나중에 아들이 커서 자신의 아이를 낳았을 때도 자연스럽게 이어졌으면 하는 바람이다. 그래서 이것들이 우리 집의 문화, 우리 집안의 문화유전자로 정착하기를 바란다.

아들에게 아빠로서 어떻게 긍정적인 영향을 미칠 수 있을지, 아들에게 어떠한 문화유전자를 전수해 줘야 할지 고민이 된다면, 아이를 훌륭하게 키운 가정의 모습을 모델로 삼는 것도 좋은 방법이다. 나 역시 케인스 아버지를 모방해 편지 쓰기를 실천했고, 케네디 어머니를 모방해 신문 스크랩을 했고, 타고르 아버지를 모방해 도보여행을 하고 있다. 위대한 인물에게는 반드시 모방할 만한 문화유전자가 있다. 이를 파악해 모방한다면 우리 아이도 훌륭한 인재로 키워 낼 수 있을 것이다. 이와 더불어 부자지간의 끈끈한 결속력을 얻을 수 있을 것이다.

아들에게 물려주고 싶은
문화유전자를 찾아라

　가문의 전통이기도 한 문화유전자는 아이의 성공 원동력이 된다. 이런 인물로 톨스토이Leo Tolstoy를 꼽을 수 있다. 톨스토이는 아주 어려서 부모를 모두 잃고 어린 시절을 불우하게 보냈다. 하지만 그가 세계적인 대문호가 될 수 있었던 것은 자신의 가문에 대한 자부심 덕분이었다. 600년 명문가 집안에서 태어난 톨스토이는 집 안 곳곳에 걸려 있는 선조들의 사진을 보며 자랐고, 그들의 이야기를 들으며 자랑스러워했다. 전쟁에 참전해 무공을 세운 선조의 이야기들은 톨스토이에게 상상의 원동력이 되었다.

　영국의 철학자이자 노벨문학상을 탄 러셀Bertrand Russell 역시 두세 살 때 부모를 여의고 할머니 밑에서 자랐다. 러셀의 집은 대대로 진보주의로, 그의 선조들은 왕가에 반란을 일으키거나 불합리한 선거 제도의 개편을 요구할 만큼 개혁론자였다. 이런 집안의 분위기가 이어져 진보 정치가, 사상가 등이 나온 것이다. 비록 부모의 손길은 거의 받지 못했지만, 이러한 가풍은 그에게도 이어져 그의 철학적 기반이자 삶의 방향이 되어 자신의 선조를 뛰어넘는 위인이 되는 데 기여했다.

집안의 문화유전자가 어떠한 영향을 미치는지는 헤르만 헤세 Hermann Hesse를 통해서도 잘 알 수 있다. 헤세는 자전적 소설이라고 할 수 있는 『데미안』에서 "내 이야기를 하자면 아득한 옛날부터 시작해야 한다. 할 수만 있다면 훨씬 더 거슬러 올라가 소년 시절 초기부터, 아니 더 멀리 조상 때 이야기부터 시작해야만 할지도 모른다."라고 시작할 만큼 친가와 외가의 영향을 많이 받았다.

헤세의 집안에서는 항상 성경이 읽혀지고, 인도 언어와 석가, 노자 등의 학문이 연구되어 종교적인 분위기와 동서양의 학문이 교차되는 분위기를 자아냈다. 또 그의 집은 늘 낯선 세계를 다녀온 여행자들이 드나들었다.

헤세는 이러한 가풍의 영향을 받아 그 어떤 작가보다 동양적인 정신과 문화를 잘 이해해 그의 작품 곳곳에 힌두교와 불교, 유교, 도교의 지혜가 녹아 있다. 그 대표적인 작품이 『싯다르타』와 『유리알 유희』다. 또 수많은 여행자들을 보고 자란 탓에 평생 '방랑'을 하면서 살았다. 그의 문학의 힘은 바로 방랑의 힘에서 나왔다고 해도 과언이 아니다.

이들의 이야기는 요즘 자칫 케케묵은 것으로 생각하기 쉬운 가풍이 얼마나 한 사람의 성장과 발전에 큰 영향을 미치는지를 교훈적으로 들려준다.

아버지와 나의 과거를
아들에게 이어 주다

    비록 세상에서 알아주는 명문가는 아니지만, 나는 우리 가족의 역사를 공유하고 아들에게 훌륭한 문화유전자를 남겨 주고 싶었다.

    아마 내가 초등학교 3학년 때였을 것이다. 나는 아버지와 형들과 함께 황매산을 넘어 진외가(陣外家, 아버지의 외가)가 있는 산청 오부로 걸어간 적이 있었다. 그 시절이 생각나 도보여행을 계획했을 때 첫 도보여행지로 황매산 길을 택했다. 당시 아버지는 아들을 넷이나 두어 정말 자랑스러웠다고 말했다. 전통 사회에서 가문을 이을 자녀가 많은 것만큼 아버지를 든든하게 하는 게 있을까.

    지금도 진외가에서 놀이를 하며 놀았던 기억이 또렷이 떠오른다. 그때 아버지는 진외가에서 돌아오면서 거창 신원에 있는 양민학살사건의 무덤을 보여 주고 설명해 주기도 했다. 지금 생각해 보니 아버지가 아이를 세상으로 안내하는 역할은 이처럼 아이와 함께 걷는 데서 시작하는 게 아닐까 싶다.

도보여행으로 방문한 남해도 역시 내가 중학생이었을 때 본 남해금산을 여행한 사진 때문이었다. 당시 아버지는 자녀교육에 대단히 열정적이었다. 그래서 육성회 회장과 부회장을 도맡아 했는데, 육성회 간부진들과 요즘 말하는 MT를 금산으로 간 것이었다. 나는 아들과 함께 아버지가 올랐던 금산을 가보고 싶었다.

아들과 함께 오른 금산 보리암에서 잠시 33년 전에 아버지가 이곳을 올랐다는 사실이 떠올라 코끝이 시큰했다. 아마 지금 내가 아들을 데리고 다니는 여행지들을 내 아들도 자라 자신의 아이를 데리고 다시 여행 오지 않을까 하는 생각도 들었다.

아버지의 과거가 나에게 영향을 미쳤든 나 역시 나의 과거를 아들에게 들려주고 싶었다. 그래서 도보여행 중에 5.18 광주 망월동 국립묘지에 있는 이한열의 묘소를 찾아갔었다. 그의 묘는 묘역이 거의 끝나는 지점에 있었다. 이곳은 같이 학교를 다녔던 이한열이 시위 중 최루탄에 맞아 죽임을 당했던 87년 6월 장례식 날에 오고 두 번째였다. 아들에게는 먼 신석기 시대 이야기처럼 들리겠지만, 열 대가 넘는 장례버스와 망월동으로 가는 내내 고속도로변에서 태극기를 흔들던 사람들, 이한열이 다닌 고등학교의 모습 등 당시 장례식 풍경을 그 자리에서 이야기해 주었다.

나의 이야기를 듣고 있는 아들의 표정을 보니 아빠의 과거가 신기한 한편 잘 이해가 가지 않는 눈치였다. 그래도 지금의 장면이 아들의 내면에 깊이 남아 있으리라 믿었다. 다행히 아들은 여행이 끝난 후 이한열 묘지에서 들려준 "정의는 승리한다."는 진리가 인상 깊었다고 말했다.

가끔 나는 아들과 손자손녀와 함께 3대가 도보여행을 할 날을 꿈꾸기도 한다. 그런 날이 언젠가는 올 수 있지 않을까. 아들은 또한 아빠와 함께 걸었던 수많은 길들과 산하를 언젠가 다시 걸으면서 옛 시절을 떠올리며 뜨거운 눈물을 글썽거리지 않을까. 그때 나는 이미 세상에 존재하지 않는 희미한 그림자로만 남은 아버지 또는 할아버지로 기억될 테지만 말이다. 그래도 40~50대의 아빠가 철없는 아들을 데리고 굽이굽이 산하를 걸으며 함께한 시간들은 망각의 강을 넘어 아들과 또 그 후손들에게 이어질 수 있을 것이라 생각한다. 지금 내가 아버지의 금산 산행을 기억하며 그 금산을 아들과 찾듯이 말이다.

남겨 주고 싶은 문화유전자가 있는가? 꼭 도보여행이 아니어도 좋다. 나처럼 명문가의 문화유전자를 모방하여 아들에게 남겨 주는 건 어떨까.

케네기 가, 로스차일드 가의 아버지에게 배우는 자녀교육법

"별 볼일 없는 집안을 명문가로 성장시킨 문화유전자"

명문가는 대대로 전승되는 것이라는 생각이 강하지만, 천대받던 이민자가, 가난한 환전상이 세계에서 인정받는 가문이 되기도 한다. 그들이 만든 문화유전자로 말이다.

무조건 일등을 하겠다는 정신

1800년대 중반 미국 '아메리칸 드림'이 일던 시절, 아일랜드의 가난한 농부가 지독한 가난을 피해 미국으로 넘어갔다. 미국 보스턴에 정착한 그는 먹고 살기 위해 악착같이 돈을 벌었지만, 항상 보스턴의 영국계 명문가들로부터 배척과 무시를 당해야만 했다. 수백 년 동안 아일랜드를 지배했던 영국인들은 아일랜드를 열등한 민족이라 치부했기 때문이다. 하지만 110년이 흘러 그 가난한 아일랜드계 농부 집안은 미국인들의 존경을 받는 대통령이 탄생하며 전 세계인들의 주목을 받게 되었다. 그 집안이 바로 케네디 가다.

어떻게 그 짧은 시간 동안 가난한 농부 집안에서 대통령이 나올 수 있었을까? 그것은 바로 "오직 일등을 하라."는 가르침 덕분이었다. 존 F. 케네디 대통령의 할아버지는 미국에서 무시받지 않고 대등하게 명문가 자제들과 공부하기 위해서는 일등을 해 하버드 대학교에 입학하는 수밖에 없다고 생각했다. 그래서 아들에게 최선을 다해 일등을 하라고 요구했고, 아들인 조지프 케네디Joseph Patrick Kennedy는 아버지의 바람대로 하버드 대학교에 입학했다. 그곳에서 쌓은 인맥은 조지프 케네디가 사업을 하여 성공하는 데 커다란 자산이 된다. 그리고 그 역시 자신의 아이들에게 높은 기준을 정해 놓고 이에 미치지 못할 때에는 엄격하게 대하며, 반드시 이기라고 가르쳤다. 후에 케네디 가의 자녀교육법이 주목을 받으며 이러한 가문의 가르침에 관해 분석한 기사들이 나오는데, '케네디 가의 기적'을 일으킨 것은 반드시 이겨야 한다는 일등주의가 아니라 이기기 위해 최선을 다하는 자세에 있다고 평했다. 케네디의 어머니가 "서툴러도 반복해서 최선을 다하면 최고가 될 수 있다."고 말한 것처럼 자신의 한계를 뛰어넘어 최선을 다해 노력한 것이 기적을 일으켰다는 것이다.

개인의 이득보다 가족의 화합을 우선하는 정신

불과 50년 전만 해도 유대인은 많은 천대와 학대를 받았다. 당시 비참한 삶을 살았던 유대인들 사이에서 전설이 된 가문이 있는데, 바로 세계적인 금융 가문인 '로스차일드 가문'이다. 로스차일드 가문은 어떻게 250여 년에 걸쳐 세계 최대의 금융제국을 이어오고 있을까? 바로 '다섯 개의 화살' 교훈 덕분이다.

가난한 환전상으로 시작해 막대한 부를 쌓은 메이어 로스차일드Mayer Rothschild는 유대인으로서 힘겨운 삶을 이겨 내고 올라온 자리인 만큼 자신의 후손들은 천대받지 않고 당당하게 대접받으며 살아가기를, 이를 위해 가능한 자신의 재산을 그대로 물려 나가기를 바랐다. 자신이 죽고 난 후 숱한 가문들이 그러했듯이 아들들끼리 재산을 놓고 싸워 서로 떨어져 살며, 결국 가문의 힘이 되는 '부와 명예'가 흩어지게 될 것을 염려한 것이다.

그래서 아들들에게 한 개의 화살은 쉽게 부러지지만 다섯 개의 화살은 쉽게 부러지지 않는다는 이야기를 끊임없이 들려주며 형제간의 우애와 화합을 강조했다. 그리고 이러한 가르침을 통해 지금까지 로스차일드 가문은 유대인 최고의 명문가로 명성을 이어올 수 있었다.

3. '생존 기술':
아빠만이
해줄 수 있는 교육

아빠의 사랑은 위협적이고 권위적이기보다는 오히려 참을성 있고 관대해야 한다. 아빠의 진정한 사랑은 아이를 자신의 권위로부터 벗어나게 하는 데 있다. 아빠와의 여행을 통해 아이는 독립을 배울 수 있다. 아이가 세상에 나가 홀로 서기를 할 때 필요한 생존 기술을 보고, 듣고, 배울 수 있는 산 교육장이 되어 주기 때문이다.

아빠와의 여행을 통해 아들은 독립을 배운다

에리히 프롬은 『사랑의 기술』에서 엄마의 욕구에 대하여 "어머니는 우리를 탄생시킨 고향이고, 어머니는 자연이고 대지이고 대양이다."라고 이야기한다. 이 말처럼 엄마는 아이에게 절대적인 존재다. 아이는 태어나면서 엄마의 자궁 밖으로 나오지만 여전히 엄마에게 절대적으로 의존한다. 그러나 날이 갈수록 독립의 정도가 높아진다. 스스로 걷고 말하기 시작하면서 자신의 주변 세계를 탐험한다. 그러면서 조금씩 엄마보다 아빠와의 관계에 눈을 뜨게 된다. 이때 아빠가 필요하다.

에리히 프롬은 아빠의 역할을 이렇게 표현한다.

"아버지는 자연적 세계를 나타내고 있지는 못하지만 인간 존재의 다른 극 곧 인공적 사물, 법률과 질서, 훈련, 여행과 모험 등의 세계를 대표하고 있다. 아버지는 어린애를 가르치는 사람이고 어린애에게 세계로 들어서는

> 아빠의 사랑 원칙은 '너는 나의 기대를 충족시켜 주기 때문에, 너는 네 의무를 다하고 있기 때문에, 너는 나를 닮았기 때문에, 나는 너를 사랑한다'는 것이다.

길을 지시해 주는 사람이다."

이는 자녀 특히 왜 아들이 아빠의 영향을 많이 받는지 그 이유를 짐작하게 한다. 또 프롬은 엄마와 아빠는 아이에게 전혀 다른 존재이며, 이는 사랑의 방식에서도 차이가 난다고 말한다.

"어머니의 사랑은 본질적으로 무조건적이다. 어머니가 갓난애를 사랑하는 것은 아이가 어떤 특수한 조건을 만족시켜 주었거나 특별한 기대를 충족시켜 주었기 때문이 아니라, 단지 그녀의 아이이기 때문이다."

이러한 엄마의 사랑은 부정적인 결과를 초래하여 아이의 삶을 파괴하기도 한다. 때로는 사랑이라는 구실로, 때로는 의무라는 구실로, 어떤 엄마는 아이를 자기 안에 묶어 두려고 한다. 프롬의 말처럼 엄마는 아이에게 생명을 줄 수도 있고 빼앗을 수도 있으며, 사랑의 기적을 일으킬 수도 있지만 어느 누구보다 깊은 상처를 주기도 한다.

이와 같이 엄마의 사랑이 무조건적인 반면에 아빠의 사랑은 '조건'이 있는 사랑이다. 아빠의 사랑 원칙은 '너는 나의 기대를 충족시켜 주기 때문에, 너는 네 의무를 다하고 있기 때문에, 너는 나를 닮았기 때문에, 나는 너를 사랑한다'는 것이다. 프롬은 이러한 아빠의 사랑은 사회적·경제적 발달과 밀접한 관계가 있다고 한다. 사유재산 제도가 성립되고 이를 아들에게 상속할 수 있게 되면서 가장은 아들을 원하게 되었다. 자신의 후계자로서 자신과 가장 많이 닮고, 자신이 제일 좋아하는 아들을 선택하는 것은 당연한 일이었다.

따라서 프롬은 아빠의 사랑은 위협적이고 권위적이기보다는 오히려 참을성 있고 관대해야 한다고 조언한다. 아빠의 전정한 사랑은 아이를 자신의 권위로부터 벗어나게 하는 데 있다.

아빠와의 여행을 통해 아이는 독립을 배울 수 있다. 여행은 결국 만남과 헤어짐을 배우는 산 교육장이기 때문이다. 아이가 세상에 나가 홀로 서기를 할 때 필요한 생존 기술을 보고, 듣고, 배울 수 있는 산 교육장이 되어 주기 때문이다.

아빠는 아들의 현재 모습에
만족해서는 안 된다

나는 아들과 도보여행을 하면서 많은 것을 알려 주고 싶었다. 이럴 때가 아니면 언제 아들과 온종일 붙어서 내가 가진, 아들에게 필요하다고 생각되는 지혜들을 가르쳐 줄 수 있겠느냐는 생각 때문이었다. 요즘 아이들은 하루 종일 책상에 앉아 지식을 주입만 할 뿐 정작 살아가면서 필요한 지혜는 터득하지 못하지 않는가. 지식이 아무리 많다고 해도 지혜가 없으면 그 지식은 쓸모없다는 것을 잘 알고 있기에 아들에게 많은 걸 가르쳐 주고 싶었다.

내가 아들과 도보여행을 하면서 신경을 쓴 것도 바로 그 부분이었다. 이를테면 "친구들에게는 네가 먼저 밥을 사야 한다."거나 "앞으로 사회생활을 할 때 윗사람이 일을 시키면 일단 '네, 잘해 보겠습니다'라고 먼저 말을 해야 한다." 등의 소소한 행동 요령부터, 지리산을 종주할 때는 "저 깊은 산들을 봐라. 저 산들만큼 깊은 마음을 지닌 사람이 되어야 한다." 등의 품성이나 마음의 자세까지 스스럼없이 이야기했다.

그리고 떠오른 내용이 있을 때마다 가급적 아들에게 확인하고 알려 주었다. 이를테면 이런 식으로 설명을 해주었다. 길을 걷다 보면 논 옆으로 물이 흘러가는 모습을 볼 수 있는데, 그 냇물을 이용하여 논에 물을 보급하기 위한 저수 시설을 '보'라고 하고, 관용구로 '봇물이 터지다'란 말이 있다는 식으로 말이다.

또 타고르 아버지의 교육여행을 본받아 나 역시 여행을 하면서 아들에게 사이사이 경제 관념을 심어 주기 위해 노력했다. 비오는 날 도보여행을 하다가 우산이 부러진 적이 있었다. 좋은 기회다 싶어 근처에 홈플러스가 있어서 아들에게 우산을 사오라고 했다. 그랬더니 1만 7,000원짜리를 사오는 게 아닌가. 편의점에서 더 싸게 산 기억이 있긴 한데 비싼 게 더 낫겠지 싶어 샀다는 것이다. 그래서 당장 다른 걸로 교환해 오라고 했다. 그러자 이번에는 1만 3,000원짜리로 바꿔 왔다. 그때 나는 아들에게 비싼 게 다 좋은 것은 아니며, 전에 산청에서도 우산이 부러진 적이 있는데, 그때 도로 옆 가게에서 5,000원에 주고 사지 않았냐고 근처 편의점이나 슈퍼마켓에 가서 가격을 비교해 보자고 말했다. 편의점에 가보니 1만 원에 팔고 있었다. 더군다나 편의점에서 나와 마트에서 산 우산을 펼쳐 보니 우산살이 부러져 있었다. 더 비싸게 주고 샀지만 불량품이었던 것이다. 아들에게 우산을 반품해 오라고 한 뒤 문구점에 들어가 보았다. 7,000원이었다. 그런데 문구점에서 할인을 더해 줘 5,200원에 구입할 수 있었다.

이렇게 우여곡절을 겪은 뒤 나는 아들에게 말했다. 우산을 사오라고 한 뒤

이리저리 가격을 비교해 본 것은 세상 물정뿐만 아니라 돈의 씀씀이를 스스로 체험하도록 하기 위해서였다고 말이다. 그러자 아들은 한 방 맞은 듯 억울해하는 표정을 지었다. 하지만 이내 마트는 무조건 싸게 파는 줄 알았는데 그게 아니었다며 배신감을 표현하더니 비싸다고 반드시 좋은 것만은 아니며 같은 우산일지라도 가격이 천차만별이라는 걸 알게 되었다고 말해 주었다.

> 아빠는 걸으면서 심심하면 낱말 잇기 게임을 하기도 하고 또 어떤 때는 걸으면서 주변에 있는 것들에 대해 질문도 한다. 아빠는 살아가는 데 필요하다며 이런저런 이야기를 들려주는데, 내가 커서 좀 더 성인이 되면 이해할 수 있을 테지만 아직은 마음에 와닿지 않는다.
>
> _《여성중앙》 도보여행기 중

물론 아들의 글처럼 모든 걸 잘 받아들이는 것은 아니었다. 한번은 문경새재에 가기 위해 서울고속버스 터미널에서 버스를 기다리며 신문을 보다 장명수가 쓴 〈클린턴의 5분〉이라는 제목의 칼럼을 읽고 아들에게 읽어 보라고 주었다. 그러다 문득 문경새재를 걷는 중에 그 칼럼이 생각나 아들에게 그 칼럼에서 '5분의 의미'가 무엇인지 물었다. 하지만 아들은 선뜻 대답을 하지 못했다.

나는 그 모습에 갑자기 화가 나서 아들을 채근했다.

"생각나는 대로 말해 봐. 정답이란 없으니까. 네 생각을 말하는 게 중요한 거란다."

마음을 다스리며 상냥하게 말을 했는데도 아들은 여전히 묵묵부답이었다. 급기야 나는 화를 참지 못하고 아들을 혼내고 말았다.

그 칼럼은 북한에 억류 중이던 여기자 두 명을 무사히 석방시킨 클린턴이 미국에 도착한 후의 한 행동을 소개한 것이었다. 클린턴은 자신이 먼저 비행기에서 내리면 기자들의 관심이 여기자들의 석방보다 김정일과의 면담에 쏠릴 게 분명하므로 여기자 두 명을 먼저 내리도록 했다. 그리고 자신은 5분 뒤에 내렸다. 그 결과 클린턴이 예상한 대로 여기자들의 가족 상봉이 매스컴의 주목을 받았다. 고작 5분이지만 클린턴의 이러한 배려는 리더가 어떻게 처신해야 하는지를 보여 주며 그간의 스캔들로 나빠져 있던 평판을 회복시키는 계기가 되었다. 당시 중학교 1학년이었던 아들이 이해하기에는 분명 난해한 글이었다. 아들은 구구절절 설명을 듣고 나서야 알겠다는 눈치였다.

때때로 아빠의 가르침은 잔소리가 된다

"아빠의 한마디 한마디가 인생에 도움이 될 것 같습니다. '경청하라'는 가르침은 공부에도 큰 도움이 되고 있습니다."

아들과의 도보여행이 알려지면서 한 매체와 인터뷰를 하게 되었는데, 당시 아들이 이런 말을 했었다. 나는 이 말을 듣고 마음 한 켠이 뜨끔하기도 하고 무척 흐뭇하기도 했다.

사실 여행 중에 가장 자주 지적했던 부분이 남의 이야기에 경청하는 자세였다. 지리산을 종주할 때 이런 일이 있었다. 지리산을 오르며 김득신 이야기를 들려주었는데, 김득신은 1만 번 이상 읽은 책이 36편이나 되며, 심지어 사마천의 『사기』에 나오는 〈백이전〉은 1억 1만 3,000번을 읽었다. 그래서 서재의 이름도 이를 따서 '억만재'라고 붙였다는 이야기였다. 하산하며 김득신의 서재 이름이 뭐였지 하고 물으니 바로 어제 들려준 이야기인데도 아들은 생전 처음 듣는 얼굴이었다. 나는 그 모습을 보고 "다른 사람이 말할 때 가장 중요한 것은 잘 듣는 것이다. 말을 잘하는 사람보다 말을 잘 듣는 사람이 되어야 한다."라며 잔소리를 하고 말았다.

또 한번은 이런 일도 있었다. 자연을 늘 곁에 두고 자랐던 우리 세대와 달리 체험학습을 가야지만 자연을 접하는 아이들은 채소와 과일, 식물들에 대해 잘 모른다. 미륵사지를 향해 길을 걷다가 우연히 지천으로 덩굴을 이룬 칡덩굴을 보고 칡에 관해 말해 주었다.

"칡은 들이나 산에서 자라는 식물이야. 뿌리에 영양분이 저장되어 있는데 늦은 겨울이나 초봄에 캐면 맛있는 칡뿌리를 얻을 수 있어. 봄에 잎이 자라나기 시작하면 영양분이 잎으로 빠져 아무런 맛이 없단다."

그리고 시간이 지나 동강 어라연으로 가던 길에 칡덩굴이 또다시 보였다. 나는 아들에게 "이게 뭐라고 했지?" 하고 물었다. 그러자 아들이 "콩이요." 하고 대답하는 것이었다.

그 순간 나는 충격을 받았다. 콩은 농부들이 직접 밭에서 키워야 먹을 수

> 아빠의 역할은 아들의 현재 모습에 만족하는 게 아니라 더 나은 모습이 될 수 있도록 자극하고 가르쳐 주는 것이라고 생각한다.

있는 농작물인데, 이런 산에서 콩이 자란다는 생각부터가 기가 막혔다. 더군다나 칡에 관해 얼마나 자세히 설명을 해주었는데, 한마디로 어이가 없었다. 그래서 그 자리에 서서 다시 생각해 보라고 했다. 그러자 조금 있다가 아들이 다가와서 말했다.

"당근이요."

당혹스러워하는 아빠의 마음은 모른 채 아들은 조금 있다 다시 다가와서 말했다.

"홍당무요."

나는 그만 할 말을 잃고 말았다. 아들은 칡은커녕 콩과 당근, 홍당무도 몰랐던 것이다. 나는 또다시 아들을 향해 남의 이야기를 잘 경청해야 한다며 훈계를 늘어놓고 말았다.

누군가는 이런 나의 행동을 보고 아빠가 너무 권위적인 거 아닌가, 너무 아이에게 깐깐하게 대하는 거 아닌가 하는 우려를 표명할지도 모르겠다. 나 역시 이를 모르는 바는 아니다. 물론 아이니깐 방금 전에 들은 이야기도 까먹을 수 있고, 글의 내용을 이해하지 못할 수도 있다.

어찌 보면 내가 아들에게 매우 엄한 잣대를 들이대고 있는 건지도 모르겠다. 하지만 아빠의 역할은 아들의 현재 모습에 만족하는 게 아니라 더 나은 모습이 될 수 있도록 자극하고 가르쳐 주는 것이라고 생각한다. 그렇기에 나는 함께해 줄 수 있을 때 모든 것을 가르쳐 주고자 했다.

아빠가 아이에게 직접 가르치려고 하지 마라

아이와 다니다 보면 작은 단점도 놓치지 않고 훈계를 하고 만다. 합천을 도보여행 할 때였다. 도보여행 중에 먹으려고 빵 네 봉지와 우유 두 개를 사서 아들에게 들라고 했다. 그랬더니 머뭇거리는 게 아닌가. 자기 혼자 다 들라고 한 게 싫었던 모양이다. 살다 보면 남을 위해서 자신이 조금 희생할 줄도 알아야 하고, 하기 싫은 일도 즐겁게 할 수 있어야 하는데, 아주 작은 것에서조차 양보하지 않는 모습을 보고 내 입에서 또 싫은 소리가 나오고 말았다.

> 아빠와 도보여행을 하면서 좋은 일만 있는 것은 아니다. 아빠는 도보여행을 하면서 이런저런 이야기를 들려주는데 그게 잔소리로 들린다. 아빠는 여정을 꼼꼼히 기록하고 아빠가 여행 중에 들려준 이야기들은 깊

> 이 새기길 바란다. 아침밥을 먹은 후 기록을 남기는데 아빠가 어제 묵은 모텔의 이름을 물어보았다. 기억이 나지 않아 영월 지도에서 찾아 대답했다. 또 아빠가 나한테 질문을 던졌다. "청령포에서 단종한테 사약을 전해 준 사람 이름이 뭐야?" 내가 대답을 못하자 아빠는 크게 혼을 냈다. 결국 장릉에 있는 관광 안내소까지 뛰어가 물어보고 와야 했다. 지금 생각하면 그때 아빠한테서 엄청난 살기를 느꼈던 것 같다.
>
> _3번째 보도여행기 중

아들이 쓴 도보여행기에 이때의 심정이 잘 나와 있다. "아빠는 잔소리하는 사람이 아니야."라고 항변하고 싶을 뿐이다. 세상 어느 부모가 아이에게 잔소리하는 걸 좋아하겠는가. 그런데도 잔소리를 하는 것은 아이가 세상을 더 슬기롭게 살아가기를 바라는 마음에서다. 위험에 부딪혔을 때 두렵다고 울지 않게 하기 위해서다. 아들이 이런 아빠의 마음을 알 리가 없겠지만 말이다. 이럴 때마다 『맹자』에서 읽었던 글이 생각난다.

"아버지가 아이에게 직접 가르치려고 하지 마라!"

가르치려고 하면 착하게 사는 선善에 대해 이야기해야 하는데, 막상 가르치다 보면 아이에게 화를 내고 거친 말을 하게 되기 때문이다. 이때 아이는 착하게 살라고 말하면서 왜 아빠는 화를 내냐며 표리부동表裏不同하다고 생각한다는 것이다. 결국 아이와 사이만 나빠질 뿐이므로 가르치는 걸 삼가라고 조언한다. 그런데 어떻게 아빠로서 아이에게 가르치려 하지 않을 수 있을까?

노벨문학상 타고르의 아버지에게 배우는 자녀교육법

"타고르의 아버지에게 여행을 통한 자녀교육법을 배워라"

내 여행의 시간은 길고 또 그 길은 멉니다. 나는 태양의 첫 햇살을 타고 출발하여 숱한 항성과 유성에 내 자취를 남기며 광막한 우주로 항해를 계속했습니다. (……중략……) 여행자는 자신의 문에 이르기 위해 낯선 문마다 두드려야 하고, 마지막 가장 깊은 성소에 다다르기 위해 온갖 바깥 세계를 방황해야 합니다.

_『기탄잘리』중

이는 동양인 최초로 노벨문학상을 받은 라빈드라나드 타고르의 『기탄잘리』에 나오는 문장이다. 타고르의 『기탄잘리』는 여행을 통한 깨우침에서 탄생되었다고 해도 과언이 아니다. 그는 대자연의 경이로움, 지식에 대한 열정, 종교에 대한 이해와 인간에 대한 배려 등을 모두 아버지와의 여행에서 배웠다.

유년 시절 타고르는 왕따를 당하고 학교 교육에 제대로 적응하지 못했다. 그래서 평생 동안 단 한 장의 졸업장도 따지 못했다. 그런 타고르가 위대한 시인으로서 성장할 수 있었던 결정적 계기는 열한 살 때 아버지와 함께한 4개월 동안의 히말라야 여행이었다. 타고르의 아버지는 타고르의 성인식을 기념하기 위해 대자연으로 교육여행을 떠났다. 이 여행을 다녀온 타고르는 한층 성숙하고 성장했다.

그의 아버지는 이 여행을 위해 치밀한 계획을 세웠다. 타고르 부자의 처음 여행지가 샨티니케탄인 것도 철저히 계산된 것이었다. 샨티니케탄은 후일 타고르 학교가 세워져 세계적으로 알려진 곳으로, 지금은 노벨상을 배출하는 등 세계적인 교육 도시로 자리 잡았지만, 어린 타고르가 여행할 때만 해도 궁벽한 시골 마을에 지나지 않았다. 타고르의 아버지는 친구 집으로 가던 도중 광활한 평원을 발견하고는 그곳이야말로 최적의 명상 장소라는 생각에 그 땅을 사들였다. 그곳이 바로 첫 여행지인 샨티니케탄이었다. 타고르의 아버지는 타고르에게 대자연의 한가운데에서 우주의 신비와 상상력을 느끼게 해주고 싶었던 것이다.

그의 아버지는 여행의 목적을 한시도 잊지 않고, 타고르에게 대자연의 신비와 경이로움을 호흡하게 하면서도 아침마다 일찍 일어나 공부하도록 시켰다. 인도의 고대어인 산스크리트어와 영어로 된 문학 작품을 읽게 했고, 밤하늘에 떠 있는 별을 보며 우주의 신비로움과 별자리를 읽는 법을 가르쳤다.

인도는 힌두교와 이슬람교, 불교, 자이나교, 시크교 등 다양한 종교로 인해 분쟁이 끊이지 않은 탓에 다른 종교에 대한 이해와 존중심이 무엇보다 중요했다. 그래서 종교학자이기도 한 아버지는 여행을 하면서 종교 사원을 방문하여 타고르가 종교에 대한 이해를 넓힐 수 있도록 도왔다.

아울러 상인 집안인 타고르의 집안은 경제 교육을 중요시했는데, 그의 아버지는 타고르가 돈에 대해 책임감을 가지고 경제적 감각을 익힐 수 있도록 여행 경비를 직접 관리하게 했다. 돈 지갑을 맡기고 매일 지출을 적게 함으로써 실무 경제를 익힐 수 있도록 한 것이다.

자녀교육 전문가들도 타고르의 아버지가 실천했던 교육여행을 훌륭한 자녀교육법이라고 말한다. 여행은 떠나는 것보다 그 목적이 중요함을 여실히 보여 주는 사례라고 할 수 있다.

4. '시간의 점': 아들에게 인생의 명장면을 많이 남겨 줘라

아들은 앞으로 성장하면서 수많은 어려움에 직면할 것이다. 이때 부모와 함께 보낸 소중한 시간들과 기억들은 위기를 넘기는 데 크나큰 힘이 될 것이다. 그중에서도 아빠와 도보여행을 했던 수많은 기억들은 아들의 가슴속에 남아 살아가는 데 더없는 재산이자 보물이 될 것이다.

아름다운 기억은
희망을 품는 힘이 되어 준다

　가족과 함께 보내는 시간은 한 인간이 성장하면서 살아가는 데 매우 중요한 역할을 한다.

　유대인으로 아우슈비츠 수용소에서 극적으로 살아나 훗날 정신분석가로 이름을 날린 빅토르 프랑클Viktor Emil Frankl은 인간이 위기 상황에 부딪혔을 때 그걸 극복할 수 있는 힘은 사랑하는 사람의 소중한 모습에서 나온다고 한다. 그는 『인간이란 무엇인가』에서 수용소에서 배고픔과 곤욕, 공포, 불의에 대한 강한 분노를 참을 수 있었던 것은 사랑하는 자의 소중한 모습이며, 신앙이며, 괴이한 유머였다고 고백했다. 즉 몇 시간 후에 가스실로 끌려갈지도 모르는 처절한 현실에서 그 현실을 견뎌 내게 하는 것은 평소에 아내와 나눈 대화의 기억들이었으며, 아내의 맑은 모습과 목소리, 미소 등 사랑하는 사람의 기억이었다고 했다. 따라서 따사로운 봄날 아내와의 꽃구경과 인간이 위기 상황에 부딪혔을 때 그걸 극복할 수 있는 힘은 사랑하는 사람의 소중한 모습에서 나온다.

같은 어느 한 순간의 아름다운 기억들이 있다면 위기를 맞았을 때 다시 살아날 에너지를 얻을 수 있다는 것이었다. 그 아름다운 순간을 연인이나 가족이 함께했다면 그 기억은 보다 소중한 점으로 남아 있을 것이라고 프랑클은 주장했다. 극한 상황에서는 사랑하는 사람에 대한 기억들을 떠올리며 위안과 다시 살아야겠다는 희망을 얻게 된다는 것이었다.

몇 년 전 봄날, 나는 아내와 구례, 광양의 산수유와 매화를 보러 여행을 간 적이 있었다. 지금도 그때의 기억들이 가슴에 따뜻하게 남아 봄만 되면 마치 마음에서 꽃이 피어나듯이 봄의 전령사 역할을 하고 있다.

아들은 앞으로 성장하면서 수많은 어려움에 직면할 것이다. 이때 부모와 함께 보낸 소중한 시간들과 기억들이 위기를 넘기는 데 크나큰 힘이 될 것이라 믿는다. 그중에서도 나와 도보여행을 했던 수많은 기억들은 아들의 가슴속에 남아 살아가는 데 더없는 재산이자 보물이 될 것이다. 내가 도보여행을 고집하는 것도 이 때문이다.

시간의 점이 가진 힘

우리 삶에는 시간의 점이 있다.

이 선명하게 두드러지는 점에는

재생의 힘이 있어

이 힘으로 우리를 파고들어

우리가 높이 있을 때는 더 높이 오를 수 있게 하고

우리가 쓰러졌을 때는 다시 일으켜 세운다.

_〈서곡〉 중

이는 영국 낭만파 시인으로 유명한 윌리엄 워즈워스의 〈서곡〉 중 일부분이다. 〈서곡〉은 윌리엄 워즈워스가 내 마음의 성장에 관한 시라고 말했을 만큼 자전적인 작품이다. 그래서 그런지 1805년에 처음 완성된 이 작품은

> 시간의 점은 재생의 힘이 되고, 우리 마음에 자양분이 되며, 마음이 치유되는 경험의 순간이 된다.

평생 퇴고를 거쳐 1850년 그가 숨을 거둔 후에야 출판되었다.

그는 〈서곡〉에서 알프스 여행을 할 때 보았던 알프스의 한 풍경이 평생 머릿속에 남아 자신에게 시인으로서의 활력을 불어넣어 주고 있다고 고백했다. 그리고 이렇게 기억으로 떠올릴 때마다 힘을 주는 자연 속의 한 장면을 '시간의 점'이라고 불렀다. 아마 그를 세계적인 낭만파 시인으로 만든 것은 도보여행을 통해 숱하게 경험한 시간의 점들이라고 해도 과언이 아닐 것이다.

워즈워스는 스무 살 때 친구인 로버트 존스와 함께 프랑스를 가로질러 알프스까지 걸어갔다. 당시 그는 케임브리지 대학 입시 공부를 하고 있었다. 그들은 알프스 여행을 나서기 전에 꼼꼼하게 계획을 세웠고, 그 계획을 실현하기 위해 하루에 무려 48km씩 걸었다. 정상적인 도보여행자의 두 배 이상을 걸은 셈이었다. 그들이 얼마나 힘차게 걸었는지 봇짐장수와 양치기를 만나기 전까지 알프스 산맥을 넘으면서도 그것이 알프스 산맥인지 몰랐다고 한다. 이때 워즈워스는 이런 말을 하기도 했다.

"내가 이른바 인문 교육을 받을 수 없는 계급에서 태어났다면, 육체적으로 건강했던 나는 평생 봇짐장수 같은 삶을 살았을 것이다."

도보여행은 개구쟁이나 반항아의 면모(방황, 탈선, 도피)를 지니고 있는데, 탈선의 성격만큼이나 또 다른 자아를 찾아가는 탐험의 성격을 보이기도 한다고 『걷기의 역사』를 쓴 레베카 솔닛Rebecca Solnit은 분석한다.

워즈워스가 〈서곡〉에서 말한 시간의 점은 재생의 힘이 되고, 우리 마음에 자양분이 되며, 마음이 치유되는 경험의 순간이 된다. 하지만 이 시간의 점이 더욱 소중한 것은 그것이 우리 가슴을 고동치게 만들기 때문이다. 그래서 워즈워스는 더욱더 걷기를 예찬했다.

나는 계속 걸어갔다.
그때는 축복에 휩싸여 있었고, 지금도 그렇다.

_〈서곡〉 중

알랭 드 보통Alain de Botton 역시 『여행의 기술』에서 워즈워스를 낭만주의 작가로 만들어 준 알프스의 시간의 점에 대해 소개하고 있다. 그리고 자신 역시 벤치에 앉아 잠깐 바라본 들판 너머 냇가의 관목들이 시간의 점이 되어 짜증나는 현실 세계의 근심의 소용돌이로부터 자신을 보호해 주었다고 말했다.

아빠가 아들에게 주는 최고의 선물은
함께 만든 아름다운 추억이다

    아들은 초등학교와 중학교 시절에 늘 내게 캐치볼을 하자고 졸랐다. 나는 그때마다 바쁘다며 한사코 거절했다. 한번은 마트에 가서 글러브와 야구공을 샀다. 하지만 그 후에도 캐치볼을 한두 번밖에 하지 못했다. 결국 그렇게 중학생 시절이 다 지나갔고 고등학생이 되자 이제는 아들이 바빠졌다. 애꿎은 글러브와 야구공만 차 트렁크에서 먼지만 뽀얗게 쌓여 가고 있다. 지금 생각하면 정말 아쉽고 후회가 된다. 아들과 했던 운동이라 봐야 초등학교 6학년 때 배드민턴을 했던 게 고작이다.

    나는 자녀경영연구소를 운영하며 이와 관련한 일들을 하고 있는 덕분에 훌륭한 인재를 키워 낸 수많은 가문(부모)을 만날 수 있었다. 그중 한 명이 현재 유명한 화가로 활동 중인 전성우 화백이다. 그의 아버지는 해외로 반출되는 문화재를 지켜내고자 개인 재산을 털어 간송미술관을 만든 전형필이다.

한번은 전 화백과 이야기를 나누다 어릴 때 아버지와 농구하던 이야기를 들을 수 있었다. 그 이야기를 듣고 있노라니 가슴 한켠이 뜨끔뜨끔 했다.

그래서 아들과 떠나는 도보여행을 손꼽아 기다리는지도 모르겠다. 아들과 자주 놀아 주지 못했던 미안함을 도보여행을 통해서라도 덜어 내고 싶어서일지도. 사실 1년 중 아들과 도보여행을 하는 기간만큼 기다려지는 날도 없다. 가끔 나는 노트북에 파일로 저장돼 있는 도보여행에서 찍었던 사진들을 꺼내 본다. 첫 도보여행을 떠날 때만 해도 앳된 소년의 티가 물씬 풍겼는데, 열 번째 도보여행 속 아들의 모습은 어느새 훌쩍 자라 제법 의젓해 보인다. 도보여행 사진을 순차적으로 보고 있노라니 마치 아들의 성장 과정을 보는 것만 같다. 그런 한편으로 못난 아빠가 어린 아들을 데리고 참 모질게도 다녔구나 하는 생각이 들어 마음 한구석이 먹먹해지기도 했다.

아들과 함께 시작한 도보여행이 벌써 5년이 되었고 10회째를 맞다 보니 아들 또한 건장한 청소년이 되었다. 그동안 아들과 수많은 길을 걸으면서 부자유친은 물론 나 스스로를 성찰하고 돌아보며 재정비하는 시간을 갖기도 했다. 어쩌면 나는 아들과 도보여행을 하면서 사회에서 지쳤던 몸과 마음을 아들과 자연을 통해 더 많은 위로를 받았는지도 모르겠다.

열 번의 도보여행을 하면서 워즈워스가 말한 것처럼 내 머릿속에도 수많은 기억들이 시간의 점이 되어 강렬하게 남아 있다. 특히 두 번째 도보여행 때 다산초당에서 찍은 아들 사진은 노트북 배경화면으로 해놓았는데, 그 속의 아들은 여전히 중학교 입학을 앞둔 작은 소년의 모습이다. 이때의 추억이 내게는 가장 강렬한 시간의 점인 셈이다.

> 지리산 종주 때는 인내심과 극기심을 시험할 정도로 힘들었다. 4시에 성삼재를 출발해 세석대피소까지 무려 16시간을 걸었다. 아빠도 나도 파김치가 됐다. 하지만 경치가 너무 좋아 마음만은 상쾌했고 가슴이 탁 트이는 것 같았다. 한 봉우리를 지나칠 때마다 끝없이 펼쳐져 있는 산들은 말로는 뭐라 설명할 수가 없을 만큼 아름다웠다. 내가 저 길을 걸어왔구나 하는 생각이 들면서 내 자신이 대단히 뿌듯했다. 지나온 산봉우리를 보면서 인생도 마치 산행처럼 여겨졌다. 가끔 돌아서서 지나온 길을 볼 때마다 지나온 길에 대한 아쉬움이 뭉클 일어났다. 세석대피소를 찾은 날은 때마침 보름달이 휘영청 뜬 밤이어서 눈부실 정도로 아름다웠다. 다음 날 세석대피소를 지나 휴식을 할 때 아빠가 먼 산을 바라보고 있는 내 뒷모습을 찍어 주었는데 평생 간직하고 싶은 사진이 되었다.
>
> _ 5번째 보도여행기 중

두 번째 강렬한 시간의 점은 지리산 종주 때의 기억들이다. 아들이 중학교 2학년 때 도보여행으로 지리산 종주를 했는데, 그때 본 몇 가지 풍경들이 참으로 인상적이었다. 그중에서도 세석산장에서 장터목산장을 향할 때 지나온 산등성이를 돌아보며 느낀 감흥은 가슴에 '인장'처럼 강렬하게 남아 있다.

그날 나는 세석산장에서 잠을 자다 새벽인 줄 알고 허둥지둥 잠에서 깨어 아들부터 깨웠다. 아들은 시계를 보더니 12시 20분밖에 되지 않았다고 말했다. 나는 물이라도 마실 겸 샘물이 있는 개울가 근처로 가기 위해 잠시 밖으로 나왔다. 그때의 장관이란! 세석산장은 온통 눈부신 달빛을 받아들여 농익게 타오르고 있었다. 지금도 그 장관을 떠올리면 에너지가 불끈 솟아오르곤 한다. 그다음 날 나와 아들은 천왕봉을 향해 오르면서 뒤를 돌아 우리가 걸어온 산들을 내려다보며 나는 아들의 뒷모습을, 아들은 내 뒷모습을 찍어 주었다. 그때 지리산의 수많은 산들을 배경으로 뒷모습을 찍던 그 순간 또한 시간의 점이 되어 지금도 생생하게 남아 있다. 아들 역시 이 순간이 강렬한 기억으로 남은 모양이었다.

경천대 부근 전망대에서 바라본 낙동강변의 모습 역시 시간의 점이 되어 남아 있다. 도보로 지친 우리 부자에게 따사로운 햇살을 머금은 은빛 물결의 풍경은 지금 당장이라도 달려가고 싶을 만큼 아름다웠다. 또 마침 그날이 대보름날이어서 달집을 구경할 수 있었다. 정말 오랜만에 보는 달집이었다.

내가 도보여행을 하면서 바랐던 것은 아들에게 시간의 점들을 많이 남겨 주는 것이었다. 한번은 보길도를 거쳐 해남 땅끝마을에서 다산초당을 향해 해변길을 걸은 적이 있었다. 2월 하순이어서 바람이 세차게 불었다. 그때 나는 아들에게 이런 말을 했다.

"아들아, 이 바람 소리를 가슴에 담아 두어라. 때로 살아가면서 겨울날의 바람 소리가 그리운 날들이 있을 거다."

아들은 무슨 말인지 눈을 멀뚱거렸다. 때때로 거리에서 느낀 바람이 마음속에 남아 살아가면서 추억으로 꺼내 보게 된다는 걸 아들이 알 리가 없었다. 그때 기형도의 〈바람의 집〉이 떠올라 이야기를 들려주었다. 기형도의 시는 가난했던 유년 시절을 그리고 있는데, 어린 시절 혹한의 밤 저 산에서 내달리는 겨울 바람 소리를 들추며 유년의 날들에 대해 뜨거운 눈물을 흘리게 한다.

> 내 유년 시절 바람이 문풍지를 더듬던 동지의 밤이면
> 어머니는 내 머리를 당신 무릎에 뉘고
> 무딘 칼끝으로 시퍼런 무를 깎아주시곤 했다.
> 어머니 무서워요 저 울음소리, (…중략…)
> 얘야, 그것은 네 속에서 울리는 소리란다.
> 네가 크면 너는 이 겨울을 그리워하기 위해
> 더 큰 소리로 울어야 한다. (…중략…)
> 사위어가는 호롱불 주위로 방안 가득 풀풀
> 수십 장 입김이 날리던 밤,
> 그 작은 소년과 어머니는 지금 어디서 무엇을 할까?
>
> _〈바람의 집〉 중

기형도의 시처럼 얇은 문풍지는 아늑한 방과 거친 세상을 막아 주는 마지막 방파제였다. 겨울밤 산과 계곡과 들판을 질주하는 원시의 바람 소리는 그야말로 대자연의 교향곡처럼 변화무쌍했다. 그 야생의 오케스트라 선율을 단지 얇은 문풍지가 파르르 떨며 가로막고 있는 것이다.

아이를 키우는 부모라면 워즈워스가 말한 시간의 점을 곰곰이 되씹어 보아야 한다. 실제로 부모가 자녀와 함께할 수 있는 시간은 그리 긴 편이 아니다.

　이 시에서 바람은 시련이지만, 나에게 바람은 추억이다. 나는 가끔 바람 소리를 듣기 위해 시골 오두막을 찾는다. 겨울날 따뜻한 방안에 누워 저 산등성이에서 부는 솔바람 소리를 듣노라면 세상의 모든 시름을 잊을 수 있기 때문이다. 여름날에 비 오는 소리를 듣는 것도 얼마나 즐거운 일인가!
　『보물섬』, 『지킬박사와 하이드 씨』로 유명한 작가 로버트 루이스 스티븐슨Robert Louis Balfour Stevenson을 매료시켰던 것도 바람이었다. 밤새도록 휘몰아치는 바람 소리에 그는 귀를 기울였다. 겨울 바람 소리는 그에게 시간의 점이 되어 그를 여행으로 이끌었다.
　스티븐슨은 워즈워스에 이어 자연을 벗으로 삼은 타고난 도보여행자였다. 1879년 작품 『당나귀와 함께한 세벤느 여행』에는 그가 당나귀를 데리고 남프랑스 세벤느 지방을 여정한 내용이 상세히 기록되어 있다. 당나귀 모데스틴의 느린 걸음에 맞춰 걸으면서 계속했던 220km의 긴 여행에서 스티븐슨은 이렇게 말했다.
　"여행가에게 진정한 내면의 자유가 없다면 아무리 멀리 떠나 봐야 소용없다. 여행가는 자연과 화합을 이루고 자신을 둘러싼 모든 것들을 향해 마음을 열고, 부는 바람에 몸을 맡기는 갈대와 같은 존재가 되어야 한다."
　스티븐슨은 스물일곱 살 때 이 외로운 여행을 결심했다. 이혼 등 새로운 삶의 문턱에 서 있었던 그가 용감하게 앞으로 나아갈 힘을 얻을 수 있었던 것은 바로 바람을 따라간 도보여행 덕분이 아니었을까 싶다.

　어쨌든 아이를 키우는 부모라면 워즈워스가 말한 시간의 점을 곰곰이 되씹어 보아야 한다. 실제로 부모가 자녀와 함께할 수 있는 시간은 그리 긴 편이 아니다. 사춘기가 되면서부터 부모를 멀리하니 길어 봤자 10년 정도다. 다섯 살 이전에는 기억을 잘 하지 못하므로 다섯 살부터 계산한다 해도 사춘기 때까지 약 10년쯤 된다. 그것도 공부로 인해 함께할 시간이 별로 없다. 부모와 아이가 함께 공유할 수 있는 시간은 고작 방학 기간이 아닐까 싶다. 이때 아이에게 많은 추억을 만들어 주는 것이야말로 부모로서 가장 좋은 선물을 하는 것이리라.

톨스토이에게 배우는 자녀교육법

"함께하는 시간이 길어야지만 추억을 만들 수 있는 건 아니다"

육아에 참여하는 아빠들이 늘고 있지만 여전히 많은 아빠가 "회사가 너무 늦게 끝나서 아이와 함께할 시간이 없어요." "마음은 굴뚝같지만, 너무 바빠요."라는 변명 아닌 변명을 늘어놓는다.

하지만 아이의 기억에 남을 시간의 점을 만들어 주기 위해서 꼭 많은 시간이 필요한 것은 아니다. 톨스토이를 봐도 그 사실을 분명히 알 수 있다.

세계적인 문호 톨스토이의 자녀들은 자신의 아버지를 최고로 똑똑하며 훌륭한 사람이라고 여기며 존경했다. 그 이유는 톨스토이가 자녀를 대하는 자세에서 찾을 수 있다.

톨스토이는 자녀들에게 매우 자상한 아버지였다. 집필 중일 때는 아이들이 작업실 근처에 얼씬도 못하게 했지만, 집필을 하지 않을 때는 곧잘 이야기를 들려주었다.

그중 하나가 〈일곱 개의 오이〉였다. 한 남자가 오이를 손으로 부러뜨려 먹는다는 내용으로, 그가 오이를 부러뜨리는 장면과 먹는 장면을 아주 실감 나게 표현해 아이들은 그에게서 시선을 떼지 못했다. 또한 그는 아침마다 소설을 쓰기 전에 아이들과 함께 체조를 하며 아이들에게 건강한 신체를 길러 주기 위해 노력하였다.

아홉 명의 자녀들은 이러한 아버지와의 시간을 소중히 여겼고, 자신의 아버지가 세상에서 제일 똑똑하고 옳다고 생각했다. 그리하여 톨스토이가 죽자 앞다퉈 아버지에 대한 회고록을 출간했다.

생물진화론을 주장한 찰스 다윈Charles Robert Darwin 역시 아버지와의 소중한 추억이 위대한 자산이 되었다고 말했다. 다윈이 여덟 살 때 병으로 아내가 죽자 다윈의 아버지는 엄마 몫까지 도맡아야 했다. 의사였던 아버지는 바쁜 와중에도 하루도 빠짐없이 다윈의 할아버지가 키우던 희귀종들이 가득 심어진 정원에서 다윈과 함께 시간을 보냈다. 그리고 그 꽃에 대해 하나하나 설명해 주었다.

이러한 아버지와의 시간들은 다윈에게 식물을 사랑하는 마음을 물려주었고, 동식물에 관심을 갖게 하였다. 이는 고스란히 자연사에 대한 관심으로 이어졌다.

비록 어머니는 일찍 여의었지만, 아버지의 지극한 사랑으로 다윈은 행복한 유년 시절을 보낼 수 있었고, 아버지와 보냈던 행복한 시간들을 평생 잊지 못했다.

톨스토이의 아이들과 다윈처럼 짧은 시간이라도 아빠와 함께한 유쾌하고 행복한 기억은 아이에게 소중한 자산이 된다.

5. '마음의 근육':
마음이 강한 아이로 키워라

학교에 입학하면서부터 자신의 능력보다 과도한 능력을 요구받은 남자아이들은 자신감을 상실하고 작은 어려움에도 좌절하기 쉽다. 이때 아이에게 필요한 것은 시련이나 고난을 이겨 내는 마음의 힘이다. 그리고 마음은 걸을수록 강해진다.

아들에게 가장 필요한 건 마음의 힘이다

역사상 뛰어난 업적을 남긴 위인들의 어린 시절을 살펴보면 모범생과는 거리가 먼 경우가 많다. 우리나라 부모들은 흔히 아이에게 풍족한 환경을 제공하면 공부도 잘하고 훌륭한 사람으로 성장할 거라고 기대한다. 그렇지만 위인의 사례처럼 꼭 그런 것만은 아니다. 심리학자 빅터 고어츨Victor Goertzel 부부가 쓴 『세계적 인물은 어떻게 키워지는가』에 따르면 저명인사 400명 중 유복하고 평온하며 비교적 문제없는 가정에서 자란 사람은 58명(15퍼센트)에 불과했다. 그런데 이들은 어떠한 시련이나 실패를 겪더라도 다시 일어서는 힘이 있었다. 실패를 하더라도 위축되거나 좌절하지 않고 할 수 있다는 긍정적이고 낙관적인 생각을 가지고 재도전해 결국 성공해 냈다.

빅터 고어츨은 "행운은 매우 중요한 요소다. 하지만 행운을 차지할 수 있는 사람은 대부분 제대로 준비돼 있고 끈기가 있으며, 그런 사람이 훗날 전기의 주인공이 된다."고 강조했다.

흔히 운이 따르는 사람이 있다. 간밤에 잠깐 공부한 내용이 다음 날 그대로 출제되어 만점을 받는 사람이 아주 없는 건 아니다. 또 스포츠를 할 때도 운이 따르는 경우가 있다. 가끔은 해설자가 "오늘따라 그 선수에게 운이 따르는군요."라면서 주목해서 보라고 할 때가 있다. 물론 운이 좋은 선수는 그날 컨디션이 좋은 선수일 것이다. 컨디션이 좋다는 말은 그만큼 매사에 철저하게 대비하고 훈련해 왔다는 뜻일 수도 있다. 따지고 보면 운이 좋은 사람이란 남들보다 열심히 준비를 해온 사람이며 그 노력의 결과 마침내 행운을 손에 거머쥐게 된 사람이다. 즉 행운이란 자신의 생각대로 되지 않는 상황 속에서도 낙심하지 않고 꾸준히 연습하고 매진할 때 잡을 수가 있다.

요즘 아이들은 부모의 세대와 비교할 수 없을 만큼 좋은 환경에서 자라는 데 반해 아주 작은 문제에도 쉽게 포기하거나 낙심한다. 이는 아이들의 실력이 비등하고 작은 노력에도 쉽게 결과물을 얻을 수 있는 초등학교 저학년 때까지는 별로 문제가 되지 않는다. 하지만 학년이 올라가면서 점차 학습 수준이 올라가고 평가 기준이 높아지기 시작하면 문제가 생긴다.

가령 수학 실력이 비슷한 두 아이가 있다고 하자. 어느 날 수학 시험에서 둘 다 저조한 성적을 받았다. 그러자 한 아이는 자신의 성적을 비관하며 수학을 겁내기 시작했다. 그런데 나머지 한 아이는 자신이 왜 이렇게 낮은 점수를 받았는지 따져 보더니 다음 수학 시험을 기약하며 더 열심히 공부에 매진했다. 몇 년 후 두 아이의 수학 성적은 엄청나게 벌어져 있었다. 당연히 후자의 아이 쪽이 수학 점수가 높을 것이다. 이처럼 똑같은 일을 겪었을 때 어떻게 대처하느냐에 따라 그 결과는 상상할 수 없을 만큼 차이가 난다.

비단 학업에서만이 아니다. 아이는 자라면서 항상 새로운 일에 도전하고 배워야 한다. 혼자 밥 먹는 연습부터 시작하여 글을 배우고, 다른 친구들과 사귀는 법을 익혀야 한다. 이 과정에서 아이는 수많은 시련과 어려움을 겪게 된다. 친구들에게 놀림을 받거나 다른 아이들보다 배우는 속도가 느릴 수도 있다. 더욱이 충동적이고 또래 여자아이들보다 발달이 느린 남자아이들은 더 많은 난관과 마주하게 된다. 이때마다 부모가 아이의 문제를 해결해 줄 수는 없다. 특히 현대 사회는 매우 불안정하고 끊임없이 변화한다. 좋은 대학, 좋은 직장에 들어가도 행복한 미래를 장담할 수 없다. 아이는 자라면서 변화를 받아들이고 숱한 어려움을 극복해 내야만 한다.

이때 아이에게 필요한 것은 시련과 실패를 이겨 내는 마음의 근육, 회복탄력성resilience이다. 회복탄력성이란 원래 제자리로 돌아오는 힘을 일컫는 말로, 심리학에서는 주로 시련이나 고난을 이겨 내는 긍정적인 힘을 의미하는 말로 쓰인다. 몸의 근육이 늘어나면 행동이 민첩하고 건강해지듯이, 마음에도 근육을 키워 주면 힘들고 어려운 일에 대응하는 힘이 강해진다는 것이다. 회복탄력성이 높은 아이는 마음이 강한 아이라고 할 수 있다.

마음이 강한 아이의 비결

회복탄력성이란 심리학자 에미 워너Emmy Werner가 발견한 개념이다. 1954

년 워너 교수는 카우아이 섬에서 태어난 아이들 중 극단적으로 열악한 환경에 놓여 있는 201명의 아이들을 40년 동안 추적, 연구했다. 그 결과 모두의 예상을 깨고 이중에서 3분의 1 정도에 해당하는 72명의 아이들이 우수한 성적을 받으며 모범적이고 진취적으로 살아가고 있음이 밝혀졌다. 그중 일부 아이들은 뛰어난 학업 성적과 능력을 보이기까지 했다. 다시 말하면 그들은 열악한 가정 환경에 상관없이 훌륭하게 성장한 것이다.

그토록 열악한 환경 속에서도 이들은 어떻게 이웃한 불량 친구들과 달리 잘 성장할 수 있었던 것일까? 이 연구를 주도했던 워너 교수는 이 학생들의 공통점으로 '높은 회복탄력성'을 꼽았다. 그리고 회복탄력성의 핵심적 요인은 인간관계에 있으며, 어려운 환경 속에서도 잘 자란 아이들은 공통적으로 아이 입장에서 무조건적으로 이해해 주고 받아 주는 어른이 적어도 한 명은 있었다고 한다. 이는 부모에게 시사하는 바가 크다.

회복탄력성은 연습과 노력을 통해 충분히 향상시킬 수 있는데, 워너 교수는 "뇌의 긍정성을 높여 줘야 한다."고 말한다. 우리나라에 최초로 회복탄력성이란 개념을 소개한 연세대 김주환 교수는 회복탄력성을 높이기 위해서는 무엇보다 뇌의 긍정성을 높여야 한다고 주장한다. 뇌의 긍정성을 높이는 비결은 바로 '감사하기'와 '운동하기'다(이 책에서 소개한 회복탄력성과 관련된 설명들은 『회복탄력성』(위즈덤하우스), 『아이의 회복탄력성』(글담출판사)의 내용을 참조하였다).

매일 저녁 오늘 하루 있었던 일 중에서 감사한 일을 적다 보면 뇌는 아침에 일어날 때부터 감사한 일을 찾기 시작한다. 자연히 태도가 긍정적으로 변할 수밖에 없다. 또 영국 정신건강재단의 조사에 의하면 우울증 환자에게 항우울제 대신 운동을 처방하는 의사가 22퍼센트 가량이라고 한다. 그만큼 운동이 정신적 건강에 매우 긍정적 영향을 미치는 것을 알 수 있다.

학교에 입학하면서부터 자신의 능력보다 과도한 능력을 요구받은 남자아이들은 자신감을 상실하고 작은 어려움에도 좌절하기 쉽다. 여자아이보다 언어 능력의 발달이 느리고 신체 활동을 통해 학습을 해야 함에도 불구하고 똑같은 기준에서 평가를 받기 때문이다.

오늘부터 아들에게 매일 감사 일기를 써보게 하는 건 어떨까? 사소한 습관이 아들의 마음을 강하게 만들어 줄 것이다.

걸을수록
마음이 강해진다

세계적인 화제를 불러 모았던 베스트셀러 『나는 걷는다』의 저자 베르나르 올리비에는 가난한 집안 형편으로 고등학교를 중퇴하고 외판원, 토목공 등 갖가지 직업을 전전했다. 뒤늦게 학업을 마친 그는 기자가 되었다. 하루하루 미래를 위해 30여 년 간 열심히 살아오던 그는 아내의 죽음과 은퇴를 경험하며 세상 가장자리로 밀려난 듯한 기분에 자존감을 상실하고 우울증에 시달렸다. 그런 그가 치유의 방편으로 선택한 것이 바로 걷기였다.

석 달 동안 산티아고를 걸은 그는 이후 무려 4년 동안 터키 이스탄불에서 중국 시안까지 무려 1만 2,000km에 이르는 실크로드의 전 구간을 여행했다. 걸으면 걸을수록 자신의 본질을 성찰하고, 진정한 자유와 치유를 경험한 그는 이 축복을 다른 사람과 나누고 싶어졌다. 산티아고를 걷고 있을 때 목격한 벨기에의 오이코텐(oikoten, 청소년 걷기 치유법에 종사하는 사람들의 직업을 지칭하는 용어) 단체를 떠올린 그는 프랑스로 돌아와 '쇠이유'라는 비행 청소년의 사회 복귀를 돕는 협회를 창설했다. 수감 청소년들이 3개월 동안 2,000km를 걸으면 석방을 시켜 주는 프로그램이다.

아무도 돌봐 주지 않는 희망 없는 젊은이들은 범죄에 빠져들기 쉽다. 쇠이유는 교도소나 수용 시설에서 생활하고 있는 청소년들이 언어가 통하지 않는 다른 나라에서 90여 일 동안 혼자 힘으로 걸으면서 자기 자신에 대해 고민할 수 있도록 도와준다.

다른 조건은 하나도 없다. 두 명의 청소년이 짝을 이뤄 한 명의 인솔자와 함께 떠나 2,000~2,500km의 거리를 90여 일 동안 걸을 뿐이다. 단 한 가지 지켜야 할 것은 MP3와 같이 녹음된 형태의 음악을 가져가서는 안 된다는 것이다. 그들은 여행 중에 텐트를 치고, 장을 보고, 요리를 하고 그리고 끊임없이 걷는다. 처음에는 왜 걸어야 하냐며 저항하던 아이들이 여행이 끝날 즈음에는 성취감에 뿌듯해한다. 휴대 전화나 인터넷 없이 오로지 걸으며 난생 처음 자신과 앞날에 대해 생각하는 시간을 가진다.

대장정을 마친 뒤 그들은 모두 감격의 눈물을 흘리고, 주변 사람들의 진심 어린 후원에 힘입어 그동안 갇혀 있었던 범죄의 고리에서 벗어나 새로운 삶을 찾는다. 자신과의 싸움에서 승리한 그들은 자신감을 회복하고, 도보여행이 끝날 무렵에는 전과는 전혀 다른 사람이 된다. 이를 증명하듯 쇠이유 프로그램에 참가한 청소년들은 일반 소년범의 재범률이 85퍼센트에 달하는 것에 비해, 재범률이 15퍼센트에 불과하다고 한다.

올리비에의 경험과 쇠이유의 사례를 통해 걷기는 치유의 효과가 있으며,

처음에는 왜 걸어야 하냐며 저항하던 아이들이 여행이 끝날 즈음에는 성취감에 뿌듯해한다. 휴대 전화나 인터넷 없이 오로지 걸으며 난생 처음 자신과 앞날에 대해 생각하는 시간을 가진다.
자신과의 싸움에서 승리한 그들은 자신감을 회복하고, 도보여행이 끝날 무렵에는 전과는 전혀 다른 사람이 된다.

마음에 건강한 힘을 불어넣는다는 사실을 알 수 있다. 그리고 걷기에 그러한 힘이 있는 것은 걷기 위해서는 용기와 의지 그리고 인내심이 필요하기 때문이다.
올리비에는 실크로드를 걸으면서 하나의 원칙을 세웠는데, 그것은 처음부터 끝까지 오직 걷는다는 것이다. 불가피하게 차를 타고 이동하게 되었을 때는 다시 차를 탄 그 자리로 되돌아와서 걸었다. 지나가는 차량이 때로는 멈춰 서서 혼자서 걷고 있는 그에게 공짜로 태워 줄 테니 타라고 말할 때에도 그는 정중히 거절했다.

오늘 따라 마치 서로 입을 맞추기라도 한 것처럼 차와 트럭들이 나를 태워 주려고 했다. 버스 운전사 한 명은 차를 세우고 "파라 욕(공짜)"이라고 소리치기도 했다. 아버지와 두 아들이 탄 작은 트럭 한 대가 내 앞을 지나가더니 다시 후진했다. 아버지는 아이들에게 뭔가 진지한 연설을 했는데, 아마도 땀 흘려 노력하는 것에 대한 예찬과 옹호인 듯했다. 그가 몇 차례나 나를 손으로 가리켰으며 아이들은 내가 마치 성인이라도 되는 것처럼 뚫어지게 쳐다보았다. 아무리 설득해도 내가 차에 타려 하지 않자 그들은 포기했고, 커다란 손짓으로 인사를 하

며 다시 떠났다

_『나는 걷는다』 중

　차를 타라고 권하는 부자와 그걸 정중히 거절하는 올리비에의 모습이 마치 영화의 한 장면처럼 떠오른다. 나도 아들과 도보여행을 할 때 이런 일들을 겪곤 했다. 이마트에서 남원역까지 걸어가는 중에 시내버스가 갑자기 서더니 어디까지 가냐고 물었다. 남원역까지 간다고 하자 태워 준다고 했다. 하지만 내가 고맙다고 말한 뒤 그냥 걸어가겠다고 하자 기사가 어안이 벙벙한 얼굴로 쳐다봤다. 이뿐만이 아니다. 가는 곳마다 주민을 만나면 어디서 오느냐고 묻는데, 그때 도보여행을 하고 있다고 말하면 모두 놀라 쳐다보았다. 차를 타고 다니지 왜 걸어 다니냐는 거였다.

　올리비에의 글을 읽으면서 나는 도보여행객으로서 동질감을 느꼈다. 비록 열흘이 넘지 않는 짧은 여행이지만 도보여행은 언제나 체력의 한계를 시험한다. 그때마다 이쯤에서 포기하고 그만 집에 돌아가고 싶다는 강렬한 충동에 휩싸였다. 무더운 여름날, 혹은 추운 겨울날 서울행 고속버스는 당장 올라타라고 말하는 것 같고, 비 오는 날은 당장이라도 걷기를 그만두라고 유혹하는 것 같았다. 올리비에 역시 4년 동안 실크로드를 걸으면서 숱한 유혹에 흔들렸다. 심지어 습격을 당하기도 했고 강도를 만나 곤욕을 치르기도 했다. 다음 글은 그가 이란 여행을 앞두고 쓴 글이다.

　7월 9일 금요일. 내가 묵고 있는 고급 호텔 문 앞에 버스가 한 대 와서 국경

도시인 도우바야지트로 떠나는 승객들을 태웠다. 나는 한순간 그 버스에 오르고 싶은 욕구를 느꼈다. 어제 강도를 당할 뻔한 일 때문에 나는 표현할 수 있는 것 이상으로 심하게 흔들렸다. (…중략…) 어째서 안전한 도보여행지를 가지 않고 생명의 위협을 받는 이런 나라를 택했을까? 어쨌든 내가 여기에 있어야 할 의무는 없었다. 내일 집으로 돌아간다 해도 아나톨리아에서 죽지 않는다는 이유로 내게 돌을 던지거나 비난할 사람은 아무도 없을 것이다.

_『나는 걷는다』 중

그는 순간 모든 것을 포기하고 싶은 유혹을 느꼈다고 적고 있다. 그러다 "갑자기 내가 아침에 학교 가기 전에 꾸물거릴 핑계를 찾는 열등생 같다는 생각이 들었다."면서 다시 길을 나섰고, 그러자 차츰 힘이 생겨 다시 걸을 수 있었다고 말했다.

그는 험난한 길을 걸을 때면 자신을 탐색하고 나 자신과 겨루기 위해서 나를 잃어가는 것만 같은 느낌이 들곤 했다고 한다. 그가 도보여행을 떠나기 전에 친구가 말했듯이 도보여행은 '자신과 벌이는 싸움'이다. 지금 당장 포기한다 해도 어느 누구도 비난하지 않지만, 그것은 결국 자신과의 싸움에서 지는 것이다. 자신과의 약속을 포기하는 것이기 때문이다. 이는 다른 사람과의 싸움에서 지는 것보다 더한 굴욕이다. 도보여행은 자신과의 약속을 이행하는 것이고, 자신과의 싸움에서 이기는 것이다. 그것은 자신에게 무한한 자긍심과 함께 감동을 주고 기적을 일으키는 원천이 될 수 있는 엄청난 힘을 심어 준다.

혹시 아들과 도보여행을 계획 중이라면 올리비에의 책을 읽어 보길 바란다. 지금이라도 아들과 함께 이 책을 읽으면서 도보여행을 위한 워밍업을 하는 것도 손해 보는 일은 아닐 것이다.

도보여행을 통해
아들에게 시련을 선사하라

　부모는 아이의 방패막이 되어 주려고 끊임없이 노력한다. 하지만 아이를 진정으로 사랑하고 위한다면 야루보족의 여인처럼 방패막이가 아닌 길잡이가 되어야 하지 않을까? 시련을 기꺼이 선사하되 시련을 이겨 낼 수 있는 정신력과 육체적인 힘을 길러 줘야 하는 게 부모의 몫이 아닐까 싶다. 이를 위해 가장 좋은 방법이 바로 도보여행이다.

　다섯 번째 도보여행지를 고민하다 평소 아들이 인내와 끈기가 부족하다고 생각해 자주 산행을 했던 경험을 떠올려 지리산으로 결정했다. 노고단에서 천왕봉을 거쳐 중산리로 하산하는 1박 2일 코스였다. 초보자들한테는 무리인 코스로, 그 어느 때보다 고생이 예정된 여정이었다.

　이른 새벽부터 산행이 시작되었다. 새벽 4시 성삼재를 출발해 세석대피소까지 무려 16시간을 걸었다. 도보로 16시간을 걸은 것은 전무후무한 기록이었다. 어른인 나도 파김치가 되었는데 중2 아들은 우죽 힘이 들었을까. 아들은 내색하진 않았지만 여행이 끝난 후 배낭에 짐을 한가득 짊어진 채 산을 오른다는 게 보통 일이 아니라면서 평지에서 걷는 것과 달리 체력이 빨리 떨어지고 거리도 평지보다 훨씬 더 멀게 느껴져 힘들었다고 토로했다. 그만큼 힘든 산행이었는데, 특히 노고단에서 세석대피소에 이르는 마지막 5km는 정말 발걸음을 떼기도 힘들 만큼 체력이 바닥났다.

이때 자연스럽게 사람들이 함께 모였고 서로 이야기를 하며 걷게 되었다. 처음에는 낯선 사람과 이야기하며 걷는 걸 어색해하던 아들도 금세 익숙해져 스스럼없이 말도 붙이며 함께 산행을 했다. 아들은 사람들과 함께 걸으니 부쩍 힘을 내는 모습을 보였다. 서로 의지하고 응원하며 걸으니, 힘들다는 생각을 쉽게 잊을 수 있었던 모양이다.

사막을 여행하는 사람들은 위험 지역이 나오면 함께 여행하는데, 이를 '콘보이convoy'라고 한다. 브라이언 트레이시Brian Tracy가 쓴 『내 인생을 바꾼 스무 살 여행』에는 사막 여행자들의 콘보이가 소개되어 있다. 아드라르에서 말리까지 1,300km에 달하는 사하라 사막을 낡은 랜드로버로 여행한 그는 때때로 트럭 운전자들이 서로 도움을 주기 위해 콘보이를 조직하는 사실을 소개하며, 그 역시 그들의 도움을 받아 사하라 사막을 건넜다고 말한다.

"모든 구성원이 공동의 목표와 비전을 안고 단결하는 한, 또한 모든 구성원이 제 역할을 해내려 최선을 다하는 한, 수數가 곧 힘이다. 요컨대 진정한 힘은 단결에 있다."

즉 험난한 사막을 건너려면 혼자 힘으로는 불가능하다. 따라서 힘을 합쳐

서로 도와야 한다. 가다가 타이어가 펑크 난 차를 보면 타이어를 교체하기 위해 너도나도 힘을 합한다. 자기 자신에게도 언제든 일어날 수 있는 일이기 때문이다. 콘보이는 사막을 건너는 사람들이 서로 의지하며 사막에서 맞이할 위험을 이겨 나가기 위한 전략인 셈이다. 이에 관해 아들에게 설명해주며 우리도 콘보이를 한 셈이라고 말해 주었다.

지리산 종주를 하며 지나온 산봉우리를 바라보자 인생도 마치 산행처럼 여겨졌다. 가끔 돌아서서 지나온 길을 볼 때마다 지나온 길에 대한 아쉬움이 뭉클 일어났다.

앞에서도 말했지만 지리산을 오르며 김득신에 대한 이야기를 들려주었다. 그는 뛰어난 문장가로 이름을 날린 인물이다. 그는 억만재라는 이름의 서재로 유명한데, 『사기』, 『한서』 등의 책을 만 번이나 베껴 읽었고, 특히 『사기』 중 〈백이전〉은 무려 1억 1만 3,000번이나 읽어 그런 이름이 붙었다고 한다.

그가 이렇게 어마어마한 노력과 시간을 들여 책을 읽고 습득한 것은, 스무 살 때 비로소 글을 지을 수 있게 됐을 만큼 노둔한(둔하고 어리석음) 탓이었다. 그는 방금 배운 것도 돌아서면 까먹는 그의 기억력 탓에 공부를 그만두라는 말을 들으며 자랐다. 하지만 그의 부친은 그에게 장차 훌륭한 문장가가 될 것이라며 응원을 했고, 그런 아버지의 응원에 힘입어 주변의 비난과 멸시를 이겨 내고 묵묵히 공부한 끝에 59세의 나이에 과거에 합격하여 당대를 대표하는 시인의 자리에 올랐다.

나는 그를 떠올릴 때마다 주변의 비난과 자신의 부족함에 좌절하지 않고 지속해 나가는 힘을 배워야겠다고 다짐한다. 아들 역시 김득신과 같은 끈기와 마음의 힘을 배웠으면 하는 마음에 힘겨운 산행길에서 이런 이야기를 들려주었다.

> 도보여행을 통해서 인내심과 끈기, 근성을 제대로 가지게 되었는데, 이것이 학습에도 효과가 될 줄은 몰랐다. 특히 수학 문제를 풀 때 예전 같으면 모르는 문제가 나오면 금방 포기했는데, 요즘에는 답지를 보지 않고 끝까지 풀어 보려고 노력한다. 그러다 안 되는 문제는 질문을 하지만 최소한 한 문제당 20~30분은 고민하는 것 같다.
>
> _《여성중앙》 도보여행기 중

이런 글을 읽노라면 아빠로서 뿌듯하다. 부디 이러한 마음과 자세를 계속 키워 나가길 바랄 뿐이다. 지리산 종주를 다녀온 후 아들에게 아빠의 장차 목표 가운데 하나가 아들과 30여 일 걸리는 '순례자의 길'을 걷는 것이라고 말했다. 이 말을 들은 아들은 놀란 표정을 지었지만, 이내 한번 도전해 보고 싶다고 말했다.

만일 아들이 지나치게 엄마에게 의존하거나 작은 일에도 금방 의기소침해지고, 끈기가 부족하다고 생각된다면, 아들에게 시련을 선사하라. 시련이라고 하여 고통에 처하게 하고 슬퍼하게 하라는 의미가 아니다. 아들이 자신의 한계를 넘어서는 일에 도전해 보게 하라는 뜻이다. 나처럼 산행도 좋아들이 지나치게 엄마에게 의존하거나 작은 일에도 금방 의기소침해지고 끈기가 부족하다고 생각된다면, 아들에게 시련을 선사하라. 아들이 자신의 한계를 넘어서는 일에 도전해 보게 하라.

고, 도보여행도 좋다. 아빠가 함께한다는 생각에 아들은 자신도 몰랐던 힘을 발휘하여 도전할 것이다. 그러는 사이 아들의 내면이 강해질 것이다. 걷기는 아들에게 마음의 힘을 길러 주는 최고의 수단이다. 이렇게 길러진 힘으로 아들은 어떤 일이든 해낼 수 있을 것이다. 공부는 두말할 나위가 없다.

고산에게 배우는 자녀교육법

"힘들더라도 남이 가지 않는 길을 가게 하라"

'헬리콥터 맘'이라는 신조어가 있듯이 부모는 아이의 모든 일을 참견하며 과잉보호하는 경향이 있다. 심지어 부모가 아이의 진로와 꿈까지 정해 주기도 한다. 그렇게 하면 아이는 결코 세상의 모진 풍파를 이겨 낼 수 없다. 어려움이 닥치면 도망치려 하고 부모에게 기대고 의존하려고 할 것이다. 이때는 아이를 데리고 어려운 가운데서도 자신만의 길을 찾아 업적을 쌓아간 역사적인 인물을 만나 보는 것도 하나의 방법이다.

우리에게 〈어부사시사〉로 잘 알려진 고산 윤선도는 70이 넘도록 유배지에서 고생하며 고난을 견뎌 낸 인물이기도 하다. 무려 15년 동안 유배를 당한 윤선도는 유배 기간의 '강요된 은둔' 속에서도 세상을 밝히는 주옥같은 시들을 남겼다. 윤선도는 임진왜란과 병자호란으로 풍전등화의 시대에 살았다.

윤선도는 자신의 신념에 따라 강직한 삶을 산 인물로 유명하다. 진사시에 합격하였으나 정치 행태를 비난하며 관직에 나가지 않았을 정도다. 윤선도가 살았던 17세기는 당파 싸움이 극에 달했던 때로 윤선도는 꼿꼿하게 직언을 하는 성격 탓에 오랜 세월 벽지에 유배당한다. 벼슬길에 오르지만 광해군 당대의 권력자 이이첨의 횡포를 규탄하여 30세에 유배당하기도 한다. 그 뒤에도 2차례 더 유배를 당한다.

보길도하면 윤선도를 떠올릴 만큼, 보길도에는 세연정(연회 장소)을 비롯해 동천석실(정자) 등 그의 흔적이 많이 남아 있다. 유명한 〈어부사시사〉도 여기에서 만들어졌다.

그는 당시 양반이라면 누구나 탐독해야 하는 성리학이 아닌 실용 학문으로 자신만의 세계를 구축했다. 당시의 사대부로서는 감히 다루기 어려운 의학, 천문, 지리, 점성술, 음악, 미술 등을 두루 섭렵하였는데, 실제 생활에서 이를 직접 응용하기도 했다. 한의학에 정통해 사람들에게 약을 처방해 주는 등 당시 지배층이 천시하던 분야에도 남다른 열정을 가지고 공부를 한 실용적인 학자였다. 이는 후손들에게 그대로 이어져 독특한 가학家學으로 전승됐다.

고산의 삶과 학문 세계는 그의 후손들에게 삶의 지침과 등불이 되었다. 정치적으로 힘든 삶을 살았던 그는 후손에게 정치를 하지 말고 대신 학문과 직업에 편견을 갖지 말고 실용적인 학문에 힘쓸 것을 당부했다. 고산이 살던 녹우당은 풍수지리학, 의학, 천문학, 병가학, 음악 등 다양한 분야의 서적을 접할 수 있는 국내 유일의 '잡학 도서관' 역할을 했다. 신분 질서가 공고하게 작동했던 시대에 실용 학문이나 직업을 택한다는 것은 결코 쉬운 결정이 아니었을 것이다. 이러한 삶의 지침은 명문대학이나 의사나 법관 등 폼 나는 직업에만 매달리는 오늘날을 사는 우리에게도 시사하는 바가 크다.

윤선도를 통해 알 수 있듯이 학문 혹은 직업에 편견을 갖게 해서는 안 된다. 그렇지 않아도 요즘에는 누구나 명문대만을 고집하는데 명문대를 나오는 것이 유일한 목표가 되어서는 안 된다.

이런 이야기들을 인물이 살다간 현장에서 아이에게 해준다면 더없는 인생 교육이 되지 않을까? 자신에게 처한 어려움을 비관하지 않고 자기만의 길을 살아간 인물들의 이야기가 생생하게 전달될 것이다. 어려움이 있을 때 적극 나서 해결해 주기보다 이겨 내는 법을 가르치는 것이야말로 아이의 홀로 서기를 돕는 길이다.

6. '도전 정신':
안전한 길보다 도전의 길을 선택하게 하라

무수히 많은 인생의 갈림길에서 우리는 매번 정답길, 지름길만을 선택하지 못한다. 끊임없이 헤매고 때로는 역행하기도 한다. 그러한 길 위에서도, 낯설고 돌아가는 길 위에서도, 아들은 좌절하지 않고 이러한 경험을 즐기며 새로운 발견을 해 나가는 계기로 삼을 수 있어야 한다.

주입식 교육에
꼭 필요한 능력

    도전 정신은 변화되는 세계에 적응하며 살아가야 할, 자신의 미래를 개척해 나아가야 할 우리 아이들에게 꼭 필요한 자질이다. 특히 의존적이고 수동적인 자질이 우선되는 입시 위주의 주입식 교육이 이루어지는 우리나라 교육에서는 더욱 그러하다. 그런데 우리는 어떻게 하고 있는가?
    "엄마, 저 학원 안 가고 다른 거 배우면 안 돼요?"
    "무슨 소리를 하는 거니? 넌 지금은 일단 열심히 공부해서 좋은 대학에 들어가는 게 중요해. 그때 가서도 얼마든지 할 수 있어."
    이처럼 아이가 무언가를 하고 싶다고 할 때 그 싹부터 싹둑 잘라 버리지는 않았는가? 도전 정신은 자신의 한계에 부딪혀서 무언가 성공해 본 아이, 두려움을 견디고 새로운 일에 도전해 본 아이만이 가질 수 있는 자질이다.
    '다른 아이가 하는 것은 내 아이도 해야 해.'

'다른 생각은 하지 말고 엄마가 시키는 대로만 해.'

이렇게 키운 아이가 성인이 되어 자신만의 주관과 생각을 가지고 도전할 수 있을까?

"도전 정신과 성취 의식, 도덕성과 올바른 가치관, 협동성과 조직 적응력, 창의성, 책임감, 외국어와 국제 감각."

이 중에서 최근 기업에서 가장 선호하는 인재의 조건은 무엇일까? 대부분 외국어와 국제 감각을 으뜸이라고 생각할 수 있는데, 예상과 달리 7가지 조건 가운데 꼴찌로 나타났다. 도전 정신과 성취 의식이 1위, 도덕성과 올바른 가치관이 2위에 올랐다. 협동성과 조직 적응력, 창의성, 책임감이 그 뒤를 이었고, 외국어와 국제 감각은 꼴찌를 차지했다. 2003년에는 외국어와 국제 감각이 1위를 차지했는데 10년 새 이렇게 바뀐 것이다. 최근 기업에서는 가장 중요한 인재의 조건으로 도전 정신을 꼽고 있다. 대한상공회의소가 2013년 국내 매출액 상위 100대 기업을 대상으로 조사한 결과, 가장 중시하는 인재상으로 88개사가 '도전 정신'을 꼽았다. 또 전국경제인엽합회가 '기업에서 바라는 인재의 조건'을 조사한 결과, 도전 정신이 1위로 꼽혔다. 그만큼 개인의 도전 정신을 중시하는 시대가 되었다.

캐나다 토론토 인근 옥빌에 있는 명문 사립학교인 애플비 칼리지는 1911년에 설립된 사립고등학교로, 캐나다에서 톱 10에 드는 명문 학교다. 이 학교는 학생들이 세계 토론대회에 나가 상을 휩쓸 만큼 토론식 수업으로 유명하다.

애플비 칼리지는 토론식 수업뿐만 아니라 리더십 훈련을 위한 테마가미

호수 인근에 있는 '테마가미 캠퍼스'로도 유명하다. 여름방학과 겨울방학 동안 학생들은 이곳에 와서 리더십 프로그램을 체험한다. 여름방학에는 6일 동안 카누 여행에 참가하면서 심신을 수련하고 협동심과 자신감을 고양하며 다른 사람을 배려하는 훈련을 받는다. 겨울방학에는 일주일 동안 캐나다의 전통 눈얼음집인 이글루igloo를 직접 짓고 그 안에서 생활하면서 극기 훈련을 받으며 인내심을 배우고 환경 공부도 아울러 한다. 애플비에서 극기 훈련을 하는 목적은 바로 모험심과 협동심, 책임감을 길러 주기 위해서다.

사실 서구의 사립 명문학교는 운동을 공부 못지않게 중시한다. 몇 년 전 미국과 영국, 캐나다, 호주 등 교육 선진국을 돌며 명문학교를 취재했을 때 가장 인상 깊었던 장면은 바로 추운 날씨에서도 럭비를 하던 학생들의 모습이었다.

운동을 통해 아이들은 책에서는 얻을 수 없는 덕목을 배우고 받아들이고 있었다. 그도 그럴 것이 운동을 하면서 아이들은 경쟁심과 협동심을 키울 수 있다. 단체 경기의 경우 이기적인 플레이는 자칫 팀을 패배로 몰아넣을 수 있기에 팀워크를 발휘하는 게 무엇보다 중요하다. 전체를 위해 희생할 수 있는 용기와 인내심뿐 아니라 도전 정신, 자기 극복, 공정함, 다른 사람의 성공을 진심으로 축하해 줄 수 있는 아량과 관용 등을 배우게 된다. 영국의 명문 사립학교인 이튼 칼리지는 19세기 말에 운동을 필수 과목으로 받아들이기도 하였다. 당시 이튼 칼리지에는 "하루에 한 번, 그리고 공휴일에 두 번 축구 경기를 하지 않은 학생은 벌금을 물어야 하고 매를 맞는다."는 공문이 학교 게시판에 나붙기도 했다.

부모들은 아이가 외국어를 공부하는 것이 도전 정신을 키우는 것보다 더 중요하다고 생각할지 모르지만, 우리 사회에서는 외국어보다 도전 정신이 강한 인재를 요구한다는 사실을 명심해야 한다.

때때로
길을 잃어라

> 어제 빗길을 걷느라 신발이 다 젖어서 물집이 잡히지 않을까 걱정이 되었다. 오후쯤 되자 다시 햇빛이 비추기 시작했다. 햇빛이 너무 강한 데다 그늘이 없어 쉴 수도 없는 탓에 무척 힘들었다. 냇가가 보이자 아빠가 냇물에서 수영이라도 하자고 했지만 난 수영장이 아니라서 싫다고 했다.
>
> _ 1번째 도보여행기 중

지리산 둘레길을 걸을 당시 그늘 한 점 없는 길을 걷고 있자니 지치고 더워서 더는 걸을 수가 없었다. 그때 마침 냇가가 보여 아들에게 수영을 제안했더니 아들은 싹 잘라 거절했다. 냇가에서 수영을 해본 경험이 없는 탓에 여기서는 수영을 하면 안 된다고 생각했던 모양이다. 이런 일도 있었다. 지독한 더위에 참지 못하고 결국 웃옷을 벗었는데 정말 시원했다. 그래서 아들에게도 옷을 벗어 보라고 권했지만 절대 벗지 않았다.

사례에서 알 수 있듯이 아들은 대단히 원칙주의자다. 때때로 새로운 일, 규칙에 어긋난다고 생각되는 일에도 도전해야 기대하지 않은 성과와 교훈을 얻을 수 있는데, 아들은 정해진 원칙이나 규칙을 벗어나면 힘들어했다. 나는 그것을 걱정했다.

여행을 하다 보면 의도치 않은 위기 순간을 접하게 되고, 일상생활에서는 겪지 못한 다양한 일들을 체험하게 된다. 도보여행은 더욱 그러하므로 나는 아들이 다양한 일들을 경험해 볼 수 있도록 여러 가지를 제안했다. 그리고 이를 통해 낯선 일이나 도전에 대한 두려움을 덜어 내기를 바랐다.

그중 하나가 길 잃기였다. 강릉 바우길을 걸을 때였다. 그날은 종일 비가 내려 아들과 내내 비를 맞으며 걸어야 했다. 더군다나 우산마저 망가진 상태였다. 차도를 걷는 중에 작은 시골길이 보였다. 차도보다 한적한 시골길을 걷는 것이 좋을 것 같아 아들을 그 길로 이끌었다. 아들은 그 길이 어디로 이어지는지 몰랐던 데다 비까지 내리고 있어 불안해하며 돌아가자고 했다. 하지만 "길을 잃지 않으면 여행이 아니야!"라고 말하며 아들을 이끌고 낯선 길을 걸었다. 다행히도 그 길 끝을 가니 익숙한 장소가 보였다.

원칙주의자인 아들에게 내 행동은 이해할 수 없었을 것이다. 안전하고 그 결과가 보장되어 있는 길이 있는데, 굳이 위험 부담을 안고 모험을 하려는 것이 말이다. 하지만 걷다 보면 무수히 많은 길과 마주하게 된다. 이는 우리네 인생과도 비슷하다. 무수히 많은 인생의 갈림길에서 우리는 매번 정답

길, 지름길만을 선택하지 못한다. 끊임없이 헤매고 때로는 역행하기도 한다. 하지만 그러한 길 위에서도, 낯설고 돌아가는 길 위에서도 아들이 좌절하지 않고 이러한 경험을 즐기며 새로운 발견을 해 나가는 계기로 삼았으면 하는 마음이 굴뚝같았다.

고향인 합천 일대를 걸을 때였다. 마지막 날에 아들이 갑자기 진로에 대해 이야기하기 시작했다.

"아빠, 심리학과 좋아요?"

이 말을 듣고 벌써 아들이 진로를 걱정할 만큼 성장했다는 것을 실감했다. 도보여행을 시작할 때만 해도 맛있는 것만 사주면 그저 좋아했던 아이였는데 말이다.

"심리학은 앞으로 갈수록 더 유망해질 것 같아. 인간사회가 복잡해지고 병리현상이 많아질수록 심리적인 문제가 많이 생기니까 이들을 상담해 주거나 치유해 주는 전문가들이 많이 필요할 거야. 나는 아주 찬성이란다. 상담심리학이나 교육심리학도 좋고 여기에 문학을 공부하거나 통계학을 공부하면 더욱 좋을 것 같구나."

자신의 진로를 진지하게 고민하며 인생의 방향을 세우고자 노력하 아들의는 모습이 무척 대견스러웠다. 그런 아들을 위해 아빠로서 아들이 올바른 방향으로 갈 수 있도록 적극적으로 멘토링을 해주겠지만 언제까지나 옆에 있어 줄 수만은 없는 노릇이다. '여행 중 길 잃기'는 그러한 마음에서 비롯되었다.

카트린 파시히Kathrin Passig와 알렉스 숄츠Aleks Scholz가 공동 집필한 『아무 아들을 위해 아빠로서 아들이 올바른 방향으로 갈 수 있도록 적극적으로 멘토링을 해주겠지만 언제까지나 옆에 있어 줄 수만은 없는 노릇이다. '여행 중 길 잃기'는 그러한 마음에서 비롯되었다.

것도 가르쳐 주지 않는 여행의 기술』이란 책에는 길 잃기라는 도전을 했을 때 얻을 수 있는 장점에 대해 다음과 같은 내용이 나온다.

> 우리는 길을 잃었다는 당황스러움과 눈에 보이는 낯선 풍경들 때문에 혼란스러운 상황으로 몰린다. 이때 본능을 믿고 몸을 맡기면, 자신의 새로운 모습을 발견하게 될 것이다. 우리의 본성은 생각하는 것 이상으로 감각적이어서, 위기의 상황에 맞닥뜨리면 숨겨 두었던 구체적이고 세세한 방향 찾기 능력을 마음껏 발휘한다. 이런 경험을 한 번이라도 해본 사람이라면 당연히 겸손해지고 현실적이며 독단적이지 않은 세계상을 얻게 된다.
> _『아무것도 가르쳐 주지 않는 여행의 기술』 중

내 경험으로 비추어 봐도 한 발 한 발 걷는 도보여행만큼 아이에게 도전정신과 책임감, 끈기와 성취감을 가르칠 수 있는 것은 없다고 생각한다. 하루에 정해 놓은 목표를 걷기 위해서는 정직하게 걷는 것밖에 달리 뾰족한 수가 없다. 버스를 타고 이동한다면 그것은 자신을 속이는 일이다.

하지만 때때로 이 원칙을 무너뜨리고 차를 이용할 수밖에 없는 상황에 놓이기도 한다. 갑작스럽게 폭우를 만나거나 급격히 체력이 떨어져 한 발짝도 움직일 수 없는 상황에 봉착했을 때다. 이럴 때는 어쩔 수 없이 차를 이용하는데, 낯선 길 한복판에서 차를 이용하는 방법은 주로 히치하이킹밖에 없다. 이 역시 아들에게는 낯선 경험이자 도전이었으리라.

> 걷다 보니 바닷가 앞에 평상이 하나 있었다. 잠시 쉬다 가려고 누웠는데 바닷소리가 들려오고 바람이 솔솔 불어오니 어느새 잠이 들어 버렸다. 40분쯤 자다가 엄마의 전화 소리에 잠을 깼다. 간만에 아주 좋은 곳에서 휴식을 취한 것 같다. 도시에서는 느낄 수 없는 그런 기분이었다.
>
> _ 9번째 도보여행기 중

첫 번째 도보여행에서는 평상에서 깊이 잠든 나를 신기하게 생각하던 아들이 아홉 번째 도보여행에서는 도시에서는 느낄 수 없는 휴식이라며 감탄했다. 도보여행을 거듭하면서 아들은 조금씩 자신의 틀을 깨고 있었던 것이다.

아들은 빨리 떠나보낼수록 크게 자란다

아홉 번의 도보여행을 하는 동안 아들은 고등학교 2학년이 되었다. 시기가 시기인지라, 열 번 째 도보여행은 10대 아들과 함께하는 마지막 여행이 되었다. 그래서인지 조금은 색다르게 해보고 싶었다. 아들 혼자서 여행을 해보게 하는 건 어떨까 고민하고 있는데, 이심전심以心傳心이었는지 도보를 떠나기 전 아들이 먼저 제의해 왔다.

"아빠, 이번에 아빠와 함께 도보를 하다가 저 혼자 경주로 가서 경주 시내를 걷다 오고 싶어요."

그렇게 해서 도보여행 중간부터는 아들 혼자 떠나보내기로 했다. 부모는, 아빠는 아들을 떠나보내야 한다. 그 시기가 빠르면 빠를수록 아들은 더 빨리 철들고 더 넓은 세상을 경험한다는 게 내 지론이다.

아들의 홀로 도보여행은 애초 목표와 달리 부산에서 시작되었다. 일전에 강릉과 정동진 일대의 해파랑길과 속초와 거진 일대의 해파랑길을 걸은 적이 있는데, 그 길의 시작점을 걷고 싶었던 모양이다. 이틀 동안 부산을 여행한 아들은 경주로 넘어가 이틀을 더 있었다.

이때 나는 아들에게 10만 원의 여비와 혹시 몰라 신용카드를 주었다. 사실 고등학교 2학년이나 되었지만 아직도 내게는 그저 어린아이로만 보일 뿐이었다. 그래서 이런저런 당부를 했는데도 돌아서는 발걸음이 편하지가 않았다. 아니나 다를까, 아들은 신경주역에서 모르는 사람에게 붙들려 시외버스터미널 부근까지 끌려가는 봉변을 당했다고 한다.

그런데도 나는 무사히 홀로 도보여행을 마치고 온 아들이 무척 대견스러웠다. 혼자 여행을 해본 뒤 부쩍 어른이 된 것 같은 느낌마저 들었다. 사실 친구들은 한창 공부에 매진하고 있는데, 도보여행을 하기란 쉽지 않은 선택이었을 것이다. 죽도로 공부를 해야만 대학에 갈 수 있는 시대, 그러나 죽도록 공부해도 원하는 대학에 가기 힘든 게 오늘날 현실이다. 입시가 얼마 남지 않은 아들 입장에서는 많은 생각이 들었을 것이다. 그래도 도보여행을 가자는 내 제안을 선뜻 기뻐하며 따라 나선, 더군다나 새로운 도전을 성공적으로 마친 아들이 그저 고맙기만 했다.

'자연 보호의 아버지' 존 뮤어의 아버지에게 배우는 자녀교육법

"아버지의 '냉정한 독립'을 통해 도전 정신을 키우다"

　우리나라에서 아이가 어릴 때부터 홀로 서기 교육을 한다면 부모의 사랑이 부족하다고 오해를 살 수도 있을 것이다. 하지만 진정한 부모의 사랑은 아이에게 경제적으로 넉넉하게 지원해 주는 게 아니다. 경제적 지원이 아이의 홀로 서기에 가장 치명적인 독이 된다는 사실은 동서고금의 사례에서 증명하고도 남는다.

　자연 보호의 아버지로 불리는 존 뮤어John Muir를 보면 홀로 서기는 바로 부모로부터의 홀로 서기에서 시작되며, 부모로부터 홀로 설 때 세상을 움직이는 위대한 인물로 우뚝 설 수 있음을 배울 수 있다.

　존 뮤어는 오늘날 우리가 국립공원이라고 부르는 자연보존지역을 최초로 만든 사람이다. 어릴 적부터 틈만 나면 그는 산으로, 들로, 바닷가로 떠돌며 야생의 생명에 큰 흥미를 가졌다. 소년 시절 끝없는 야외 놀이의 경험과 새로운 것에 대한 호기심, 강한 체력과 정신력 그리고 상상력은 훗날 그가 자연 보호에 온몸을 바치는 데 밑거름이 되었다. 1892년 존 뮤어는 환경 단체인 '시에라 클럽'을 만들었다. 미국의 국립공원 및 자연보존지역의 지정과 야생지역의 보호, 지구 생태계 보존을 위해 활발한 활동을 계속하고 있는 시에라 클럽은 현재 회원수가 60만 명이 넘는 가장 오래되고 가장 규모가 큰 환경 단체로 유명하다. 특히 그는 '천 마일 도보여행'을 한 후에 이 제목으로 책을 쓰기도 했다.

그런데 그가 자연 보호의 아버지이자 자연주의 작가, 탐험가, 발명가로 이름을 남길 수 있었던 것은 아버지로부터 한 푼도 지원받지 못한 채 집을 떠나 독립한 '덕분'이었다.

존 뮤어는 자서전에서 부모로부터 독립할 당시의 심정을 이렇게 묘사하고 있다.

> 독립하고 싶다는 뜻을 아버지에게 전하고, 만일 돈이 필요해지면 조금 보내줄 수 있겠느냐고 물어보았다. 아들의 기대와 달리 아버지의 대답은 단호했다.
> "안 된다. 네 혼자 힘으로 하는 거다."
> 이것이 아버지의 대답이었다. 이 말을 듣고 아들 존은 눈물이 핑 돌았다. 너무 서운했다. 이제까지 집을 위해 온갖 고생을 해왔는데 아버지는 너무나도 냉정하게 이렇게 말했던 것이다. 그가 부모로부터 독립해 사회에 첫발을 내딛고자 집을 떠날 때 그의 호주머니에 들어 있던 돈은 고작 15달러에 불과했다. 그런데도 아버지는 철저히 도움을 거절한 것이다.

_『존 뮤어 자서전』 중

우리나라 부모라면 대부분 "그래, 정 어려우면 연락해라. 도와줄게."라는 말로 위로해 주었을 것이다. 그렇지만 그의 아버지는 이런 공수표도 날리지 않았다.

멀리 보면 이러한 자세가 아이의 홀로 서기를 돕는 일인 것만은 분명하다. 흔히 배수의 진을 치고 전쟁에 임하면 승리한다고 말하는 것처럼 절박한 심정이 되어야 원하는 것을 이룰 수 있다. 집을 떠나는 아들이 혹시라도 약한 마음으로 머뭇거릴까 봐 그의 아버지는 "도와줄 수 없다."고 냉정하게 못을 박은 게 아닐까.

그러면서 아버지는 또 한마디 추가했다.

"이제까지 나를 무자비한 사람이라고 생각한 적도 있었겠지만, 사악한 사람들뿐인 세상에서 혼자 살아가다 보면 다른 사람들이 훨씬 더 냉혹하다는 것을 결국 깨닫게 될 거다."

이어 아버지는 존에게 한마디 더 덧붙였다.

"칭찬을 듣는다고 의기양양해지는 것만큼 더한 죄악도 없다."

이는 마치 "모난 돌이 정을 맞는다."는 말처럼 아들이 사회에 나가 자신의 실력을 자랑하다 사람들로부터 견제를 받고 큰 상처를 입을까 봐 미리 알려주는 경고인 셈이었다.

왜 이런 말을 그의 아버지가 했는지는 부모라면 충분히 이해가 될 것이다. 먼저 사회생활을 한 인생 선배로서 세상은 따뜻한 면만이 아니라 냉혹한 면도 있다는 걸 알기 때문이다. 나 역시 도보여행을 하면서 아들에게 이런 말을 하기도 했다.

"그래, 네가 커서 사회에 나가면 세상이 얼마나 냉혹하고 무자비한 곳인지 알게 될 게다. 그래서 육체를 단련하고 마음을 수련하고 호연지기 정신을 키워야 하는 거란다. 네 가슴 속에 저 푸른 산하를 품으렴. 마음이 외로워지거나 사람들이 싫어질 때 한 번씩 꺼내 볼 수 있도록."

독립을 선언한 존 뮤어는 다행히 발명가적 재능으로 공장에서 일할 수 있었고, 여름방학마다 밭에서 일을 하여 등록금과 생활비를 벌어 위스콘신 대학에서 공부할 수 있었다. 그리고 그곳에서 운명적으로 식물학을 접하게 되었다. 그는 대학에서 배운 학문에 만족할 수 없어 마침내 식물과 지질 연구를 위한 도보여행에 나섰다. 위스콘신 대학에서 '자연의 대학'으로 옮겨간 것이다. 그 여행은 그때부터 50년 넘게 지속되었고, 그는 '자연 보호의 아버지'로 위대한 족적을 남길 수 있었다.

그가 자연주의 작가이자 발명가, 자연 보호의 아버지, 세계적인 환경주의자로 살아갈 수 있었던 것은 어쩌면 아버지의 냉정한 홀로 서기의 태도에서 비롯되지 않았을까 싶다.

7. '철학적 사색':
여행을 통한 일상의 철학이 아이의 사고를 발전시킨다

걸을 때만 명상에 잠기고, 걸음을 멈추면 생각도 멈춘다고 말한 루소처럼 도보여행은 아이를 철학자로 만든다. 주변에 민감하게 반응하고 관찰하며, 평소에는 그냥 지나쳤을 일들도 놓치지 않고 포착하여 사색하게 한다.

걷는 것은 사고思考의 행위다

루소를 비롯해 괴테, 지리학자인 훔볼트Alexander von Humboldt 등 많은 사상가와 문인들이 걷기를 통해 자신의 관계, 존재에 관한 질문을 던지고 답을 구했다. 그도 그럴 것이 걷는 동안 자신이 속한 장소에 대해 끊임없이 관찰하게 된다. 온몸의 감각으로 세상을 느끼고 일상생활에서는 느낄 수 없었던 감각을 경험한다. 우리가 평상시에 먹는 물과 강렬한 뙤약볕 아래를 걸은 후 나무 그늘 아래에서 마시는 물의 감각이 전혀 다른 것처럼 말이다.

몸은 마음의 그릇이라고 한다. 이 그릇을 천천히 움직이는 것이 걷기다. 쇼팽Fryderyk Franciszek Chopin은 자신의 창작 활동에서 가장 중요한 것은 10시간의 연습보다 1시간의 산책이라고 말했다. 걷기라는 가장 자연스러운 사색을 통해 음악적 영감을 얻은 것이다. 이처럼 걷기는 영감을 주는 묘약이다. 생각을 정리하거나 아이디어를 얻기 위해 연구실 안을 서성이는 학자의 모습을 우리는 쉽게 상상할 수 있다. 이처럼 걷기는 학자에게조차 영감을 준다. 그도 그럴 것이 걷기는 뇌에 산소를 원활하게 공급해서 생각을 정리하는 데 도움을 준다. 해결하기 어려운 문제가 있을 때, 길을 걷다 보면 해결책이 떠오르는 경우가 종종 있는 것은 바로 그런 이유에서다. 나 역시 걸으면서 수많은 아이디어를 얻거나 문제의 실마리를 얻곤 한다.

"나 홀로 다닌 도보여행에서만큼 그토록 깊이 생각하고, 살아있음을 느끼고, 나 자신을 되찾았던 적은 없었다. 감히 말하건대, 오로지 내 발로 직접 걸었던 여행을 통해서만 그 모든 것을 경험할 수 있었다. 걷기에는 생각에 생명을 주고 활기를 띠게 하는 무언가가 있다. 한 곳에 머무르고 있으면, 나는 생각할 수가 없다."

이처럼 걷기를 예찬한 루소는 걸을 때만 명상에 잠기고, 걸음을 멈추면 생각도 멈춘다고 말하며 자신이 걷기를 통해 많은 것을 이룩했음을 시인하기도 했다. 니체 역시 걷기로 철학적 영감을 얻은 사람으로 유명하다. 그는 한창 고통스러운 시기를 보내고 있을 때 자신의 누이가 데리고 간 엥가딘 공원을 떠올리며 "공원을 따라 걷다가 정상이 가까워오자 신비한 힘을 느끼기 시작했다."고 말하며 종종 마음을 진정시켜 주는 신선한 공기와 푸른 초원이 있는 그곳에 다시 가고 싶어했다. 이탈리아에 매력을 느낀 그는 베네치아나 제노바와 같은 도시를 돌아다녔다. 그렇게 건강을 되찾게 되면서 큰 행복을 느꼈다. 니체의 바로 이러한 경험들이 바탕이 되어 『차라투스트라가 이렇게 말했다』가 탄생했다.

자연은 아이도
철학자로 만든다

> 걷는데 노랑나비 한 마리가 우리를 따라 날기 시작했다. 나비가 우리를 따라오는 건지, 우리가 나비를 따라가는 건지 알 수가 없었다. 몇십 분 동안 나비가 계속해서 우리를 따라 날았다.
>
> _1번째 도보여행기 중

처음 도보여행을 갔을 때 아들이 적은 글이다. 당시 초등학생인 아들이 '호접몽(胡蝶夢, 물아일체의 경지를 나타냄)'을 알 리도 없을 텐데, 어떻게 저런 생각을 했는지 기특했다.

아들과 도보여행 중 기대하지 않았던 아들의 말과 생각에 깜짝 놀라곤 했다. 아들은 여러 가지 표현으로 나를 즐겁게 해주었다. 하루는 도로를 걸어가는데 트럭이 거센 바람을 일으키며 지나갔다. 그러자 아들은 그 바람을 '초강풍 선풍기 바람'이라고 표현했다. 택시가 지날 때는 '미풍'이 인다고 덧붙여 내 입에서 저절로 칭찬의 말이 흘러나왔다.

『걷기 예찬』에서 다비드 르 브르통 David Le Breton이 말했듯이 길 위를 걷다 보면 주변에 민감하게 반응하고 관찰하게 된다. 또 평소에는 그냥 지나쳤을 일들도 놓치지 않고 포착하여 생각해 보게 된다.

> 설악산 울산바위까지 갔다 하산하려고 하자 폭우가 내렸다. 우산을 가지고 간 터라 근처에서 우비를 사서 서둘러 입고 완전 무장을 하여 폭우를 피해 내려가기 시작했다. 우비의 가격은 3,000원이었다. 이때 우리 옆으로 할아버지와 손자가 지나갔는데 우비를 쓰지 않은 채 비를 맞고 있었다. 할아버지가 산 아래로 내려가면 우비가 더 싸니 비를 맞고 내려가자고 하는 것 같았다. 우비를 샀을 때는 이미 몸이 다 젖어 있을 텐데. 이런 것을 보고 '소탐대실이라고 하는구나.'라는 생각이 들었다.
>
> 한 시간쯤 걷다가 설악동 입구 정류소에서 잠시 쉬기로 했다. 한 할머니가 지나가는 차를 향해서 우비를 사라고 소리치고 있었다. 그 모습이 무척 안쓰럽고 불쌍해 보였다. 지나가는 차들은 모두 무시하면서 지나가고 그 할머니는 지나가는 차마다 소리를 질러 대고……. 과연 그 차 안에 있던 사람들은 할머니의 처지를 이해하면서 지나갔을까? 라는 의문이 들었다.
>
> _9번째 도보여행기 중

그냥 지나쳤을 수도 있는 광경인데도 아들은 그들의 행동을 좇으며 이런 저런 생각을 한 모양이었다. 나 역시 도보여행을 할 때 주변의 경관 하나하나를 꼼꼼히 살펴본다. 그리고 매번 도보여행 때마다 도로 옆 산이나 들에 무수히 널려 있는 무덤들을 보면 그냥 지나치지 못하고 고인의 세계에 대해 이야기하곤 하였다.

'아, 저기 누워 있는 저 분도 청춘이 있었을 텐데. 유년 시절이 있었고, 혈기 넘치던 젊음도 있었고, 결혼도 했을 텐데. 또 여성이라면 고운 시절이 있었을 테지. 아이들을 낳고 키우고 뒷바라지하다 뭇 생명들이 가는 종착지가 저 곳이구나.'

아빠와 아들은 관심사가 다를 수밖에 없다. 똑같은 것을 보고도 다르게 생각할 수도 있고, 아빠는 인상 깊었는데 아들은 본 기억도 없을 수가 있다. 죽음을 대하는 자세가 그랬다. 하긴 아들이 죽음에 대해 심각하게 생각하는 게 더 이상하리라. 그래서 내가 무덤에 대해 말을 해도 별 반응이 없었다. 반면에 나는 무덤을 보면 살아 있음을 절실히 느낄 수 있었고 이에 감사한 마음이 들었다.

이처럼 아빠와 아들의 생각이 다름에도 불구하고 아들은 가끔 생각지도 못한 철학적 이야기를 해서 나를 놀라게 했다. 그때마다 나는 흘려듣지 않고 생각을 발전시켜 나갈 수 있도록 이야기를 끌어 주었다. 이것이 아빠로서 주의할 점이다. 아빠가 적절하게 이끌어 줄 때 아들의 사고가 한층 깊어지기 때문이다. 다시 말하지만 아들과 아빠의 관심사가 다른 만큼 보이는 것도 다르고 느낀 점들도 다르다. 이러한 생각들을 아들과 이야기하며 비교

아들은 가끔 생각지도 못한 철학적 이야기를 해서 나를 놀라게 했다. 그때마다 나는 흘려듣지 않고 생각을 발전시켜 나갈 수 있도록 이야기를 끌어 주었다. 아빠가 적절하게 이끌어 줄 때 아들의 사고가 한층 깊어지기 때문이다.

해 보는 것도 좋다.

아이가 관심 없어하는 주제라 해도 아빠가 말을 하면 아이는 귀를 기울이게 마련이다. 이는 과학적으로도 증명되었는데, 아이는 엄마의 목소리보다 아빠의 목소리에 더욱 민감하게 반응한다고 한다. 그래서 아빠가 아이에게 책을 읽어 줄 때 엄마가 읽어 줄 때보다 집중력이 두 배 이상 높아진다. 또 아빠와 함께하는 시간이 많은 아이들이 언어 발달이 뛰어나다는 것이다. 그리고 아빠와 나눈 이야기들은 아이의 내면에 쌓여 사물을 바라보는 눈이 된다.

여정을 기록하고 발표시켜라

"작은 수첩의 메모들이 기억이 되고, 그 기억이 모여 하나의 소설이 되었다."

'하루키스트(하루키 마니아를 지칭하는 용어)'라는 말이 나올 정도로 전 세계적으로 팬을 거느리고 있는 일본 작가 무라카미 하루키村上春樹가 한 말이다. 메모의 중요성은 여행에서 아무리 강조해도 지나치지 않는다. 일찍이 소설가 로베르트 발저Robert Walser 역시 메모하는 습관이 있었다. 그는 산책을 통해 무한한 생각의 나래를 펼쳤고, 산책이 끝나고 집으로 돌아오면 생각을 옮겨 적은 종이와 함께 잠들곤 했다. 특히 발저는 숲속을 걸으면서 떠오른 생각들을 집으로 돌아와 메모하였다. 그 메모들은 글을 쓰는 바탕이 되었고, 메모 쓰기는 글쓰기 훈련의 바탕이 되었다.

조선 후기 실학자 박지원의 『열하일기』 역시 그가 청나라 여행 중 쓴 일기를 바탕으로 한 기행문이다. 그는 새벽부터 술집을 누비며 대화와 필담을 기록하고 비석의 글도 모두 필사할 정도로 세세하고도 자세하게 일기를 남겼고, 시간이 없을 때는 중요한 몇 단어만이라도 기록했다. 여행이 끝난 후 그는 이렇게 공들여 쓴 메모를 10년에 걸쳐 정리한 끝에『열하일기』를 탄생시켰다. 수많은 중국 여행기를 제치고『열하일기』가 당대뿐만 아니라 지금까지도 읽히고 있는 힘은 그의 세세하고 사실적인 메모에 있다고 해도 과언이 아니다. 엄청난 독서광으로 유명한 조선 후기 실학자 이덕무 역시 메모의 달인이다. 항상 소매 속에 책과 필기구를 함께 넣고 다니면서 보고 듣고 생각나는 것을 적곤 했다.

  메모는 생각을 담는 행위이자, 인간의 기억을 보완하는 행위라고 할 수 있다. 아무리 멋진 광경을 보았다 해도 이를 직접 표현해 보거나 기록으로 남기지 않는다면 퇴색되어 사라지고 만다. 그래서 나는 아들에게 도보여행을 할 때 반드시 여정을 모두 기록하게 했다. 한 걸음, 한 걸음이 아이에게 남을 수 있도록 말이다. 또 도보여행을 하다 보면 길 곳곳에서 시와 마주하게 되는데, 그냥 흘려버리지 않고 시를 곱씹어 볼 수 있도록 메모를 하게 했다. 이를 위해 나부터 여정을 메모했다. 아빠가 본보기를 보이면 아이는 저절로 따라 하기 때문이다.

  그리고 도보여행이 끝난 후 여행기를 쓰게 했는데, 여행기는 여정 중에 쓴 메모를 바탕으로 작성하게 했다. 물론 나도 여행을 하면서 꼼꼼하게 수첩에 여정과 여정에서 일어난 일들을 메모했다. 이걸 바탕으로 나는 칼럼을 쓰기도 하고 책을 쓰는 데 활용하고 있다. 아들이 쓴 여행기는 이 책 곳곳에서 활용되었다. 이 책의 실린 도보여행기나 지금까지 쓴 도보여행과 관련된 에피소드들은 대부분 아들이 여행 후에 쓴 여행기를 바탕으로 쓴 것이다.

더 나아가 나는 아들에게 자신이 쓴 여행기를 정리해서 발표를 시키고 있다. 요즘 파워포인트를 활용한 발표 능력이 필수 능력이 되었기 때문에 어려서부터 자연스럽게 길러 주기 위해서다.

아이를 발표시킬 때는 부모의 듣는 자세도 중요한데, 사소한 잘못이나 실수는 그냥 눈감아 주는 한편, 아이에게 자신감을 심어 주어야 한다. 케네디의 어머니는 "누구나 처음에 서툴러도 열심히 하면 최고가 될 수 있다."며 아이에게 자신감을 심어 주었다고 한다.

아들의 첫 여행기 발표는 6년 전으로 거슬러 올라간다. 그때 나는 〈세계 명문학교를 가다〉라는 기획 기사(책으로도 출간되었다)를 취재하기 위해 인도와 중국을 비롯해 영국, 미국, 캐나다, 호주에 있는 명문학교를 방문했다. 취재 대상이 세계적으로 유명한 국제학교(보딩스쿨 중심)여서 아이에게도 산 교육이 될 것 같아 인도와 중국 때는 동행했는데, 예상과 달리 아들은 한국에서 학교를 다니는 게 제일 좋은 것 같다고 말했다. 세계 각국의 명문 사립학교마다 한국의 조기 유학생들이 있었는데, 이들을 보고 조기 유학에 대해 부정적인 생각을 갖게 된 것 같았다. 아들은 인도와 중국 방문 때 날씨와 교통편 등으로 너무 고생을 해서인지 다른 나라의 취재 때는 동참하길 원하지 않았다. 애초 목적 자체가 취재 여행인지라 아이에게는 더욱 힘들었던 듯했다. 나는 아들과 함께 여행하니 심심하지도 않고 또 교육적으로 의미도 있어 기분이 참 좋았는데 말이다.

당시 아들에게 하나의 미션을 주었는데, 그것은 아들에게도 취재 수첩을 하나 마련해 주어 내가 인터뷰하는 내용을 받아 적게 한 것이다. 적극적인 자세로 함께 동참하여 현지 학생들이 얼마나 열심히 공부하는지, 조기 유학생들의 사정은 어떤지를 실체적으로 알게 하기 위해서였다. 아들은 나름대로 자신의 눈높이에서 진지하게 메모를 했는데, 이것이야말로 진짜 공부라는 생각이 들었다.

취재 여행을 마친 후 발표를 시켰는데, 아내와 나는 깜짝 놀랐다. 아들이 기대했던 것보다 훨씬 잘했던 것이다. 아내와 나는 연신 박수를 보냈다. 아들은 쑥스러워했지만 아빠와 엄마의 박수갈채에 내심 뿌듯해하는 듯했다. 그동안 배운 파워포인트를 활용해 프레젠테이션이라는 것을 처음 해보았으니 왜 안 그렇겠는가.

아들과 국내 도보여행이든, 해외여행이든 함께 여행을 다녀왔다면 여행 소감을 기록하고 발표하는 기회를 가져 보길 바란다. 도보여행은 여행 순간순간을 생생하게 기억하게 하는 장점이 있지만, 이를 표현해 보고 정리해 봄으로써 좀 더 오래 기억할 수 있을 뿐 아니라 자신의 생각을 정리하는 능력, 풀어내는 능력, 발표하는 능력 등을 기를 수 있다.

키에르케고르의 아버지에게 배우는 자녀교육법

"바쁜 아빠라면, 아들과 상상의 여행을 떠나라"

    여행을 많이 다닐수록 보고 배우는 게 많아져 아이의 상상력 발달에 좋다고 한다. 하지만 바쁜 아빠들이 아이를 데리고 여행을 가기란 쉽지만은 않다. 이때 덴마크의 철학자 키에르케고르Søren Aabye Kierkegaard가 했던 방법을 해보면 어떨까 싶다.

    키에르케고르는 걸으면서 사유한 철학자로 널리 알려져 있다. 부유한 상인의 집안에서 태어났던 그는 아버지가 무척 엄격했다고 한다. 그의 유년 시절은 그가 죽은 뒤 펴낸 『걷기의 철학』를 보면 잘 알 수 있다. 그는 이 책에서 요하네스 클리마쿠스(그의 필명)라는 대리인물을 통해 자신의 어린 시절을 우회적으로 표현했다.

    요하네스의 아버지는 매우 엄격한 사람으로 요하네스에게 외출을 금지했다. 그래서 그는 하루 종일 집에 갇혀 있어야 했다. 밖으로 나가 산책하고 싶지만 나가지 못하자 그는 점점 쇠약해졌고, 이 모습을 본 그의 아버지는 아들에게 '상상 속의 산책'을 제안했다.

> 요하네스는 아버지와 함께 방 안에서 상상만으로 산책하고 싶은 행선지를 자유롭게 선택할 수 있었다. 그들은 도시의 대문을 통해 나가서 근처의 별장용 성을 방문했다. 요하네스는 마음이 내키는 대로 해안으로 향하거나 거리를 산책하곤 했다. 아버지는 방바닥 위를 왔다 갔다 하면서 그들이 보는 모든 것을 묘사했다. 아버지는 요하네스가 알고 있는 그 어떤 세부적인 것도 놓치지 않고 아들이 모르는 것들을 치밀하게 환기시키며 모든 것을 너무도 정확하고 생동감 있게 이야기했기 때문에, 요하네스는 삼십 분 정도 아버지와 함께 방 안에서 상상 속으로 산책하고 나면 마치 하루 종일 바깥에 있었던 것처럼 피로에 기진맥진했다. 요하네스는 곧 아버지의 마법 같은 기술을 익히기 시작했다.
>
> _『걷기의 철학』중

아버지가 묘사해 준 산책길은 그의 상상력을 자극하여 훗날 훌륭한 작품 활동을 하는 데 힘이 되었다. 여기서 주목해야 할 점은 비정상적으로 엄한 아버지의 모습이 아니라 꼭 실제로 아이와 산책을 하거나 여행을 가지 않더라도 상상의 여행을 통해 충분히 비슷한 효과를 낼 수 있다는 것이다.

키에르케고르와 그의 부친처럼 상상의 길을 따라 여행한 사람들이 있다. 바로 미국의 장관이자 산책가인 존 핀레이John Finlay와 독일 건축가 알베르트 슈페어Albert Speer가 그들이다. 존 핀레이는 날마다 실제로 걷는 거리만큼 세계의 다른 곳을 상상으로 걷는 놀이를 하여 6년 동안 3만 2,000km를 여행했고, 슈페어는 상상으로 세계를 일주하기도 했다. 그들은 주변의 공간과 상상을 바탕으로 새롭게 만들어 낸 길을 걸은 것이다.

8. '히스토리' : 여행을 통해 배우는 것은 독서만큼 중요하다

아이들은 이야기를 들으며 어른들이 가르치려고 했던 것보다 훨씬 더 많은 것을 깨닫는다. 특히 부모의 말은 무조건 잔소리로 받아들이는 10대의 아이들에게 이야기는 부모가 들려주고 싶은 말을 대신 전해 줄 수 있는 효과가 있다.

특히 이야기는 현장성이 더해질 때 더욱 큰 힘을 발휘한다. 자신이 들은 이야기의 유래가 되는 장소를 방문했을 때, 이야기에 생명력이 생겨 아이는 그 이야기를 잊지 않는다.

도보여행을 하며 만나는 이야기들이 훗날 '나만의 콘텐츠'를 만들어 준다

　유대인의 인구는 세계 인구 중 0.25퍼센트에 불과하지만, 노벨상 수상자 중 25퍼센트에 육박하며 미국 갑부 중 30퍼센트를 차지한다. 이런 결과만 본다면 유대인의 지능이 애초 높다고 생각할 수도 있지만, 2002년 헬싱키대학이 조사한 바에 따르면 이스라엘 국민의 평균 지능 지수는 95로 한국 106보다 훨씬 낮다.

　그렇다면 어떻게 이런 업적을 세울 수 있었을까? 바로 유대인의 남다른 교육법에서 찾을 수 있다. 그중 대표적인 게 베갯머리 교육이다. 유대인 부모들은 아이가 잠자리에 들면 약 15분씩 책을 읽어 주거나 이야기를 들려준다. 이때 유대인의 율법과 전통, 지혜를 담아 놓은 생활 규범서라고 할 수 있는 탈무드 이야기를 들려준다.

　세계적인 대문호이자 천문학 분야까지 광범위한 분야에서 탁월한 재능을 발휘한 괴테 역시 베드사이드 스토리bedside story, 즉 베갯머리 교육을 받은 것으로 유명하다. 괴테 어머니는 독일어를 겨우 읽고 쓸 수 있는 정도였지만, 밤마다 잠들기 전에 괴테에게 전래동화를 한 편씩 들려주었다. 이는 괴테의 상상력의 원천이 되었다.

어쩌면 베갯머리 교육을 읽어 주기 교육이라고도 말할 수 있지만, 내가 말하고 싶은 것은 '이야기의 힘'이다. 이야기가 아이에게 어떤 긍정적인 영향을 미치느냐다.

할머니 무릎을 베고 들었던 이야기는 커서도 잊히지 않고 순간 순간 떠오른다. 그도 그럴 것이 어른들은 아이에게 무언가를 '가르치고' '확인하려고' 한다. 그러한 대화는 아이에게 잔소리에 불과해 그냥 스쳐 지나가고 만다. 하지만 이야기는 재미있다. 그러다 보니 절로 귀를 기울이게 된다. 이야기를 즐기는 것은 사람이 가진 본성이라고 할 수 있다.

그래서 아이들은 이야기를 들으며 어른들이 가르치려고 했던 것보다 훨씬 더 많은 것을 깨닫는다. 특히 부모의 말은 무조건 잔소리로 받아들이는 10대의 아이들에게 이야기는 부모가 들려주고 싶은 말을 대신 전해 줄 수 있는 효과가 있다.

특히 이야기는 현장성이 더해질 때 더욱 큰 힘을 발휘한다. 자신이 들은 이야기의 유래가 되는 장소를 방문했을 때, 이야기에 생명력이 생겨 아이는 그 이야기를 잊지 않는다.

따라서 도보여행을 어디로 가면 좋을지 고민이 된다면, 역사와 이야기가 있는 곳을 선택하는 것도 좋은 방법이다. 그곳에서 있었던 일들을 재미있는 어른들은 아이에게 무언가를 '가르치고' '확인하려고' 한다. 그러한 대화는 아이에게 잔소리에 불과해 그냥 스쳐 지나가고 만다. 하지만 이야기는 재미있다. 아이들은 이야기를 들으며 어른들이 가르치려고 했던 것보다 훨씬 더 많은 것을 깨닫는다.

이야기처럼 들려주면 아이의 내면은 어느새 알곡으로 가득 채워질 것이다.

역사와 이야기가 있는 곳으로
떠나라

아들과 도보여행을 하다 보면 곳곳에서 이야기를 마주하게 된다. 이는 책에서 접하는 이야기보다 훨씬 강렬한 자극을 준다. 평사리에서는 마을 할아버지로부터 박경리의 소설 『토지』에 나온 최 참판댁 이야기를 듣기도 했다. 평사리는 『토지』의 무대가 되었던 곳으로, 마을 할아버지의 이야기에 최 참판이 가상 인물이 아니라 실존 인물이었던 것 같은 착각이 들기도 했다.

문경새재를 거쳐 장릉으로 넘어갈 때는 단종의 삶을 마주할 수 있었다. 나는 장릉을 둘러보면서 단종의 원통한 죽음에 대해 말해 주었다. 아들이 오래 기억해 주기를 바라면서 말이다.

"금부도사 왕방연이 가져온 사약을 마시고 단종은 한 많은 삶을 마감한 단다. 하지만 서슬 퍼런 권력 앞에 어느 누구도 단종의 시신을 묻어 주려고 하지 않았어. 이때 엄홍도라는 사람이 단종의 시신을 수습했지. 엄홍도는

지게에 단종의 시신을 싣고 능선을 오르다 노루가 잠자던 자리에 눈이 쌓여 있지 않은 것을 보고 그곳에 시신을 암매장했단다. 조선의 왕이었지만 비석 하나 없었지. 그런데 그 후로 영월에 부임하는 군수들이 줄줄이 죽는 기이한 일이 발생했어. 당연히 누구도 영월 군수로 오려고 하지 않았지. 이때 박충원이 용기를 내어 부임했단다. 그러던 어느 날 박충원의 꿈에 단종의 혼령이 나타나 산 속에 묻힌 사실을 알려 주었고, 그곳을 수색한 결과 단종의 시신이 발견되어 봉분을 정성스레 조성했어. 그 후로 영월 군수가 변을 당하는 일이 없어졌다고 한단다. 마침내 숙종 24(1698)년 단종은 복위되었고 그의 무덤을 장릉이라 했어. 죽어서도 한을 풀지 못했던 단종이 숙종에 의해 241년 만에 제자리를 찾은 거지."

아들에게 이런 역사를 들려주고 단종이 마지막으로 살았던 청령포가 보이는 곳으로 갔다. 아들은 그때의 일을 여행 일지에 이렇게 적어 놓았다.

장릉을 둘러보고 곤드레밥을 먹었다. 그 후 걸어서 청령포까지 걸었다. 청령포 앞에는 시 하나가 있는데 그 시는 이렇게 써져 있었다.

천만리 머나먼 길에 고운님 여의옵고 내 마음 둘 데 없어 냇가에 앉으니 저 물도 내 안 같아서 울어 밤길 예놋다.

이 앞에서 잠시 휴식을 했는데, 아빠가 이것은 금부도사 왕방연이 단종에

> 게 사약을 진어하고 한양으로 돌아가는 길에 비통한 심정으로 청령포를 바
> 라보며 읊은 시조라고 한다. 설명을 들으니 왠지 이 길이 슬프게 느껴졌다.
>
> _ 3번째 도보여행기 중

다음날은 배일치 고개를 걸었다. 배일치 고개 역시 단종의 아픈 역사의 흔적이 남아 있는 곳이었다. 단종이 노산군으로 강등돼 영월 청령포로 유배돼 가는 길에 넘었던 길이 배일치 고개였다. 배일치 고개에 도착한 단종은 예측할 수 없는 앞날에 서산으로 지는 해를 바라보며 절을 하면서 운명을 기원했는데, 여기서 배일치拜日峙라는 이름이 유래했다고 아들에게 설명해 주었다. 고개에는 단종이 엎드려 절을 하는 조각상이 있는데, 보는 이로 하여금 잠시 애잔한 마음이 들게 했다. 그런데 우연의 일치일까. 배일치 고개는 아래로 터널이 뚫리면서 마치 단종의 운명처럼 '폐도'가 되었다.

현장에 담긴 위인의 정신을 배우다

나는 일부러 여정 사이사이에 역사와 이야기가 있는 곳을 넣었다. 그곳에 담겨 있는 선조, 위인들의 정신을 본받고자 함도 있지만 이야기가 담긴 유적지를 만날 때 이들의 이야기를 아들과 나누는 것만으로도 더없이 행복하기 때문이다.

두 번째 도보여행지로 찾아간 곳도 바로 그러한 곳들이었다. 여행은 고산

윤선도가 은거지로 살며 〈어부사시사〉 등을 썼던 보길도를 거쳐 해남 땅끝마을과 다산 정약용이 18년 동안 유배되었던 다산초당과 강진으로 이어졌다. 그런데 2월인데도 보길도와 해남 그리고 땅끝마을에는 동백나무가 빨간 꽃망울을 터뜨리고 있었다. 차가운 겨울 바람과 해풍을 견뎌 내고 피어낸 동백의 기품과 자연의 섭리에 저절로 겸손한 마음이 들었다.

아침에 일어나니 아빠는 벌써 일어나서 찜질을 하고 있었다. 우리 아빠는 너무 부지런한 것 같다. 찜질방에서 나와 바로 다산초당을 향해 출발했다.

2시간도 안 돼서 8km나 걸었다. 추위 탓인지 빨리 걸은 것 같다. 지난번 여름에는 더워서 느리게 걸었는데, 이것도 인간의 본능인 것 같다. 다산초당을 향해 걸어가면서 아빠가 다산에 대한 이야기를 들려주었다. 18년 6개월 동안 귀양살이를 했고, 500권의 책을 냈으며, 두 아들에게 편지를 보낸 것까지. 또 다산을 롤모델 삼아 아빠 역시 50권을 집필하는 것이 목표라는 이야기를 하였다. 아빠 핸드폰에 다산은 500, 나는 50이라고 써 있는 게 무슨 뜻인지 알게 됐다.

다산초당은 산에 있어서 걷기에 약간 힘이 들었다. 초당을 지나 만덕산을 넘었다. 아빠 말에는 다산도 자주 이 산을 넘나들었다고 한다. 높지 않고 산책하듯이 걸을 수 있는 산길이어서 걷기에는 편했다. 오후 3시가 약간 넘어 백련사에 도착했다. 백련사 절터에 앉아서 멀리 바라본 바다의 모습은 장관이었다.

_2번째 도보여행기 중

추운 날씨를 뚫고 다산유물전시관에 도착했다.

"죽은 사람이 다시 살아나도 마음이 부끄럽지 않게 하라."

이는 『다산사경첩』에 나오는 시구다. 나는 아들과 다산초당으로 가면서 다산과 관련된 여러 가지 이야기를 해주었다. 다산 정약용은 내가 삶의 스승이자 글쓰기의 역할모델로 삼고 있는 분이었다. 다산은 18년 동안 유배지에 있으면서 아버지 역할을 제대로 하지 못하게 되자 편지를 보내 자녀에게 자신의 마음을 전했다. 뿐만 아니라 유배지에서도 제자들을 교육하는 데 힘썼고, 책을 읽을 때 필요한 인용구를 베껴 쓰는 '초서'를 했는데, 이를 모아 500권의 책을 집필하였다. 『다산사경첩』은 정약용이 1818년 9월에 유배지에서 풀려나 고향인 남양주 마현으로 돌아갔을 때 제자들이 스승을 찾아 나눈 이야기를 실은 내용이다.

나는 다산초당을 한 번 온 적이 있었다. 전에 고산 윤선도 가문을 취재할 때 늦은 저녁에 들렀던 것이다. 다산초당에 도착한 나는 다산초당을 배경으로 아들 사진을 찍은 다음 내 노트북 배경화면으로 해놓았다. 그리고 이 사진을 날마다 보면서 아들과 걸었던 도보여행을 떠올리기도 하고, 유배 중에도 서신 교육으로 자녀 사랑을 나타냈던 다산의 정신을 마음속에 되새기기도 한다.

다산은 언제 사약을 받을지도 모르는 상황에서도 학문에 정진하고 제자를 가르치면서 저술 활동을 하는 등 어려운 여건 속에서도 주도적인 삶을 살았다. 아들이 다산의 이러한 정신을 본받기를 바랐다.

우리나라 곳곳에는 많은 이야기와 역사가 담겨 있다. 경주 양동마을이나 창평의 상월정도 아들과 도보여행을 해볼 만한 곳이다. 아들과 함께 걸으면서 그곳의 역사와 이야기를 나누다 보면 어느 새 부자유친의 정도 돈독해지고 삶의 자세를 새롭게 하는 계기도 될 것이다.

칼 비테에게 배우는 자녀교육법

"미숙아를 천재로 키운 힘, 여행 놀이"

우리나라에도 잘 알려진 『칼 비테의 자녀교육법』은 조기 영재 교육의 실제 사례이자 이론서로 각광받아 왔다. 19세기 독일의 유명한 천재였던 칼 비테 주니어의 아버지 칼 비테가 쓴 책으로, 이 책은 200년이 지난 지금도 자녀교육에 열성적인 부모들에게 인기를 끌고 있다. 미숙아였던 그의 아들은 아버지의 교육에 힘입어 16세에 법학박사 학위를 취득하고 베를린 대학 교수로 임용되었다.

칼 비테는 아이는 부모가 하기에 달려 있다고 주장한다.

"사람은 누구나 똑같이 태어난다. 하지만 어떤 환경에서 자랐는가에 따라 누구는 천재나 영재가 되고 누구는 평범한 사람 심지어 바보가 된다. 하지만 적절한 교육을 받으면 아이도 훌륭한 사람이 될 수 있다."

칼 비테는 철학자 엘베시우스가 Helvétius 한 이 말에는 문제가 있다고 지적

한다. 그는 개인마다 재능이 모두 다르다는 점을 직시해야 한다는 것이다. 그는 "아이들에게 잠재력을 개발할 수 있는 조기교육을 실시하면 재능이 80~90퍼센트까지 발휘돼 50의 재능을 타고난 평범한 아이도 80의 재능을 타고난 아이보다 더 훌륭해질 수 있다."고 주장한다.

칼 비테는 어머니의 역할을 강조하는데, 어머니는 아이를 임신했을 때부터 음식을 조심해서 먹어야 하는 등 세심하게 주의를 기울여야 한다고 주장한다. 태어날 아기를 위해 임신 기간 동안에는 울어서도 안 되고 슬픈 일이 생겨도 오랫동안 실의에 빠져 있어도 안 된다. 임산부가 우울해하며 시도 때도 없이 울면 아기의 발육이 더뎌지거나 이상이 생기기 때문이다. 엄마는 자신의 용감함과 명랑함으로 아이에게 강인함과 사랑과 지혜를 가르쳐야 한다고 말한다. 즉 유쾌한 성격의 어머니는 아이에게 긍정적이고 적극적인 인생관과 대인 관계를 형성하게 해준다는 것이다. 다시 말해 어머니는 아이의 성격과 인생관의 형성에 엄청난 영향을 미치는 존재라고 주장한다.

칼 비테는 부모가 아이의 타고난 재능과 잠재력을 개발해 줘야 인재로 키울 수 있다고 말한다. 칼 비테가 아들을 천재로 키운 비결은 바로 어릴 때부터 관찰하는 법을 가르친 데 있었다고 한다. 그는 특히 아이들은 장난감이 아니라 놀이를 통해 인생 체험을 하게 해야 한다고 말한다. 칼 비테는 장난감을 가지고 놀며 배울 수 있는 지식은 없다고 단언한다.

"많은 부모가 아이를 혼자 놀게 하거나 조용히 시키기 위해서 또는 아이의 체면이나 자존심을 살려 주기 위해서 장난감을 사준다. 심지어 무책임하게 장난감을 아이에게 쥐어 주고는 신경 쓰지 않는 부모도 있다. 난 이런 방법에 대해 대단히 비판적이다."

　장난감 대신 칼 비테는 아들에게 독서와 함께 사물을 관찰하는 법을 가르쳤다. 여행을 갈 때에는 그곳에서 '여행 놀이'를 하면서 아들에게 지리와 역사 지식을 가르쳤다고 한다. 여행 놀이를 하는 방법은 다음과 같다. 여행을 하는 지방의 역사적인 사건과 인물을 미리 연구하고 준비를 한다. 그런 다음 그 지방에 도착하면 역사적인 사건과 그 인물을 기념하는 곳이나 기념비를 둘러보고 아들과 이에 대해 이야기를 나눈 후에 각자 사건과 인물을 나누어 맡아 역할극을 하는 것이다.

"한번은 아들 칼에게 장군, 병사 역할을 맡겼는데, 자신의 체험과 이해와 상상을 바탕으로 역할에 따라 나이, 성별, 신분, 직업을 실감나게 표현했다."

　이런 여행 놀이는 아이의 호기심과 탐구욕을 만족시킬뿐더러 적극성, 독립성, 관찰력, 기억력, 판단력, 상상력, 창의력을 키워 주고 내면 세계를 풍부하게 하며 언어 능력과 조직 능력을 향상시킨다고 한다.

　그는 또한 이야기와 동화는 아이들을 매료시키는 힘이 있는 지혜의 원천이라고 강조했다. 그래서 아들에게 이야기와 동화를 소재로 여행 놀이를 하곤 했는데, 12세기에 쓰인 독일 신화 『니벨룽겐의 노래』는 전설적인 게르만 영웅의 이야기들과 더불어 봉건주의 시대의 궁전 생활, 기사도 정신 등이 묘사되어 있어 각자 다양한 배역을 번갈아 맡아 해보기에 안성맞춤이었다고 한다. 그는 아들이 『니벨룽겐의 노래』에 등장하는 각 인물들을 특징에 맞게 완벽히 표현해 내었다고 소개한다.

　칼 비테는 부모와 아이가 이러한 여행 놀이를 하면서 역사적인 이야기와 인물, 사건에 대한 이해와 창의력을 높일 수 있을 뿐만 아니라 정서를 함양하는 데 효과적이라고 강조했다.

9. '유대감':
아빠만의 유대감을 형성하라

지난 50년 간 부모와 아이의 유대감을 연구한 연구원들은 강한 유대감을 가진 아이들이 그렇지 않은 아이들보다 더 나은 성과를 이룩한다고 말했다.
아울러 아빠와 아이의 유대감과 엄마와 아이의 유대감은 다르며, 아빠는 아빠 고유의 유대감을 아이와 형성해야 한다고 말한다. 왜냐하면 엄마와 아빠의 성향과 역할 자체가 다르기 때문이라는 것이다.

아빠와의 유대감이 아들을 성장시킨다

 부모와 아이의 유대감이 돈독한지는 아이가 부모와 떨어져 있을 때 알 수 있다. 부모와 강한 유대감이 형성되어 있는 아이는 부모와 잠깐 떨어져 있어도 불안해하지 않고 이것저것에 호기심을 발휘한다. 하지만 그렇지 못한 아이는 불안해하며 아무것도 하지 못한 채 어쩔 줄 몰라한다.

 또 부모와 유대감이 강한 아이는 친구와 싸우거나 성적이 떨어지는 등 일상적인 어려움이나 스트레스 상황에 직면했을 때 훨씬 효과적으로 대처한다. 부모에게 자신의 감정을 이야기함으로써 툭 털어 버리고 새롭게 세상을 향해 나아가는 것이다. 지난 50년 간 부모와 아이의 유대감을 연구한 연구원들은 강한 유대감을 가진 아이들이 그렇지 않은 아이들보다 더 나은 성과를 이룩한다고 말했다.

 아울러 아빠와 아이의 유대감과 엄마와 아이의 유대감은 다르며, 아빠는 아빠 고유의 유대감을 아이와 형성해야 한다고 말한다. 왜냐하면 엄마와 아빠의 성향과 역할 자체가 다르기 때문이라는 것이다.

그렇다면 아이와 함께하는 시간이 절대적으로 부족한 아빠는 어떻게 아이와 유대감을 형성할 수 있을까? 나는 도보여행보다 더 좋은 것은 없다고 생각한다.

아이가 세상에 나가 도전하고 탐구하기 위해서는 무조건 안전해야 한다는 생각과 더불어 때로는 위험을 감수할 필요도 있어야 한다. 그런데 도보여행을 하다 보면 자연스럽게 위험한 상황에 부딪히게 된다. 그것이 육체적인 한계이든, 실질적인 사고의 위험이든 말이다. 그리고 그러한 상황을 이겨 냈을 때 위험으로부터 벗어나는 방법을 생각해 볼 수 있게 되고, 위험을 동반한 행동으로 얻을 수 있는 가치를 생각해 보게 된다. 이 설명은 앞서 다룬 도정 정신과도 이어진다.

손을 내치던 아들이
먼저 손을 내민다

아들과 도보여행을 하면서 아빠로서 가장 큰 수확을 꼽으라면 아들을 좀 더 알게 되고 친밀해졌다는 것이다. 다른 아빠들과 마찬가지로 나 역시 아이가 커가면서 조금씩 서먹서먹해지고 대화도 거의 나누지 않게 되었다. 당연히 도보여행을 가자는 아빠의 제안에 친구와 놀고 싶다며 아들은 가기 싫어했다. 어쩔 수 없이 달콤한 미끼로 유혹해서 도보여행을 시작했지만, 지금 생각해도 참 잘한 결정이었다. 나는 아들과 걸으며 자연스럽게 많은 이야기를 나눌 수 있었다. 집에선 손이라도 잡을라치면 내빼던 아들이 길에서는 먼저 내 손을 잡아 주기도 했다.

한 언론사와 인터뷰에서 아들은 "친구들과는 노래도 하고 떠들면서 활기차게 걸었는데, 아빠와는 천천히 걸었어요. 그래서 처음에는 좀 심심했는데, 아빠 얘기가 점점 재미있어졌어요."라고 말했다. 또래 아이들과 도보여행을 한 적이 있는 아들에게 아빠와의 도보여행은 정말 많이 지루했으리라. 그럼에도 재미있다고 말하는 아들의 대답에 팔불출인 나는 매우 기뻤다.

도보여행을 하면 아이와 유대감을 형성하는 문제에 대해 고민할 필요가 없다. 하루 24시간 붙어 있다 보니 자연스럽게 많은 이야기를 나누게 되기 때문이다. 그리고 그때 하는 이야기들은 무슨 이야기든 다 재미있다.

> 시골의 아침 공기는 너무도 깨끗하고 신선했다. 도시에서는 느낄 수 없는 공기를 마시니 폐가 정화되는 기분이 들었다.
> 아침은 간단히 초콜릿 4개로 때웠다. 아침 식사가 되는 식당이 없었기 때문에 어쩔 수가 없었다.
> 배고파서 정신이 없을 때쯤 음식점 하나가 보였다. 아빠랑 나는 된장 2인분을 시켰는데 반찬도, 된장찌개도 모두 정말 맛있었다. 내가 아빠한테 오늘은 쫄쫄 굶으며 걸었다고 하자 아빠가 '그래서 인간은 위대하다고 하는 것'이라고 말했다. 무슨 말인지 알 수가 없었다. 곧 이어 아빠가 '위가 대大하다'라는 뜻이라며 설명해 주었다. 평소에 말이 없는 아빠가 이런 개그를 하다니, 별로 안 웃긴 개그도 웃기게 느껴졌다.
>
> _ 8번째 도보여행 중에서

이런 유치한 소리를 했구나 싶어 민망했지만 아이에게는 제법 신선했던 모양이다. 도보여행은 자칫 지루하고 지치기 쉽다. 그래서 끝말잇기 게임을 하거나 물수제비 놀이를 하기도 했다. 무엇보다 도보여행을 할 때 좋은 점은 자신의 고민이나 생각을 스스럼없이 나눌 수 있다는 점이다.

> 걷다가 갑자기 해외여행에 대한 호기심이 발동해 계속해서 아빠한테 물어봤다. 왜냐하면 아빠는 여태까지 기자 생활을 하면서 20개국이 넘는 나라를 가봤기 때문이다. 아빠는 외국여행이 좋긴 하지만 낯선 문화와 음식 등이 아빠하고는 잘 맞지 않아서 고생했다고 했다.
> 6년 전쯤 아빠는 〈세계 명문학교를 가다〉라는 기사를 연재하기 위해 인도, 중국, 영국, 호주, 캐나다, 미국 등 6개국의 나라를 방문했다. 그중 인도와 중국은 나도 같이 갔었는데, 거기서 고생을 너무 많이 해서 영국과 호주엔 따라가지 않았다. 울면서 안 간다고 했다. 사촌형이 찾아와서 "너 평생 후회할 텐데. 진짜 안 갈 거야?"라고 몇 번을 물어봤지만 안 간다고 우겼다. 지금은 너무 후회스럽다.
> 아빠랑 대화를 나누며 걷다 보니 벌써 3시간째다. 아빠랑 이렇게 많이 대화를 하다니. 나는 아빠한테 문과와 이과 어디로 가야 될지를 상담했다. 과학이 하기 싫어 문과로 정했는데 다시 와서 생각을 하니 자연계가 낫지 않을까라는 생각이 들어서다. 아빠는 문과로 진학할 경우 지금까지 해온 도보여행이나 신문 스크랩도 대학 진학 시에 도움을 받을 수 있다며, 순간적인 생각으로 쉬운 길을 나두고 어려운 길을 택할 필요가 있을지 한 번 더 잘 생각해 보라고 했다.
> ㅡ 9번째 도보여행 중에서

또 도보여행을 하다 보면 아빠 역시 아들에게 다양한 모습을 보여 주게 된다. 평소 아이는 공부하느라, 아빠는 일하느라 서로 바빠 얼굴 마주할 시간도 별로 없다. 그러다 보니 아이에게 아빠의 모습은 한정될 수밖에 없다. 하지만 여행을 하다 보면 뜻하지 않게 망가진 모습이나 평소와 전혀 다른 모습을 보이는 일들이 생긴다.

제주도 올레길을 걸을 때였다. 눈조차 뜰 수 없을 만큼 바람이 심하고 추웠다. 마침 폐업한 가게가 있어서 그곳에 들어가 잠시 바람을 피해 가기로 했다. 안에 들어갔더니 옷가지와 수건이 있었다. 그중 수건을 한 장 슬쩍해서 아들의 목에 둘러 주었다. 목도리 역할을 해주어 조금이나마 체온이 올라가도록 말이다. 그러자 아들이 놀라서 "아빠, 수건을 훔치는 거잖아요!"라고 말했다. 나는 웃으면서 "아들을 위해 이 정도쯤은 훔칠 수 있다."고 응수했다. 아들은 불안한 눈치였다. 그런데 나중에 아들은 그때의 일이 잊지 못할 추억이 되었다고 말했다. 아마 아들에게 평소 내 모습은 엄하고 철두철미해 보일 것이다. 그런 아빠가 자신을 위해 물건을 훔치다니, 아마 아들에게 잊을 수 없는 추억이 되었던 듯했다.

꿈을 찾아가는 여정의
최고의 길잡이는 아빠다

아빠는 아이의 삶에 커다란 영향을 미친다. 그래서 아빠는 늘 아이가 어떤 길을 가고자 하는지, 어떤 꿈을 꾸고 있는지에 관심을 가져야 한다. 그것은 1부에서 강조했듯이 아이를 더 넓은 세상으로 이끄는 존재는 바로 아빠이기 때문이다.

몇 년 전 호주 브리즈번에 조기 유학과 관련하여 취재를 갔을 때, 가이드가 조기 유학생들의 성공담과 실패담을 들려주었다. 그중 한 학생의 에피소드가 인상적이었다.

그 학생은 호주까지 화물선을 타고 왔는데, 그 학생의 부친이 "호주에서 유학생활을 제대로 하려면 먼저 고생을 실컷 해봐야 한다."면서 비행기가 아닌 화물선에 아들을 태워 보냈기 때문이다. 서울에서 부산으로 가서 화물선을 탔는데, 무려 1개월이나 걸렸다. 그런데 그 학생은 아빠에게 불만을 터뜨리기는커녕 아빠를 매우 존경하고 유학생활도 무척 잘 적응하고 있다고 했다. 아빠가 아이의 인생 멘토로서 여행을 산 공부의 장으로 훌륭하게 활용한 경우라고 할 수 있다. 비행기로 반나절이면 도착할 호주를 한 달이나 걸리는 화물선으로 보낸 것은 아빠가 아들을 단지 고생시키기 위해서만은 아닐 것이다. 힘든 여정을 통해 아들이 살면서 필요한 지혜를 깨닫기를 바랐을 것이다. 아울러 아들에게 험난한 인생 항로를 뚫고 나가야 꿈을 이룰 수 있다는 걸 알려 주고 싶었을 것이다.

앞에서도 말했지만 케인스 부자의 공부 편지를 참조하여 2012년 1월부터 아들과 지금까지 수십 통의 편지를 주고받고 있다. 고등학생이 되자 아들의 편지 내용은 꿈과 진로에 대한 내용이 많았다. 요즘 10대 아이들은 꿈이 없다고들 한다. 그래서 부모들은 꿈이 없는 아이로 인해 걱정이 태산이다. 다음 소개할 내용은 진로에 대해 고민하는 아들에게 내가 보낸 답신이다. 이 글이 모쪼록 부모와 아이 간에 꿈을 키우는 데 도움이 되었으면 한다.

아들 승현에게

먼저 시험을 10일 앞둔 시점에 강릉 바다를 보고 오라는 아빠의 제의에 좀 당황했던 것 같구나. 공부는 마음이 차분해야 하는데 네가 진로 문제로 너무 고민하는 것 같아 바람이나 쐬고 오라고 한 것이란다. 때로는 기분 전환도 필요하거든. 경포대에서 지난해 여름방학 때 한 도보여행 생각이 났다니, 벌써 그게 추억이 되었구나.

"인생은 문틈으로 백마가 달리는 모습을 보는 것과 같다人生如白駒過隙." 이는 중국의 증선지가 쓴 역사책인 『십팔사략』에 나오는 말이란다. 인생의 빠르기가 달리는 말을 보는 것과 같다는 의미지. 어떤 이는 너무 심한 비유라고 생각하겠지만 그만큼 인생의 시간이 생각보다 길지 않다는 것을 의미해.

아빠는 지금도 중·고등학생이 되어 수학 시험을 보는 꿈을 꾼단다. 주로 공부는 하지 않았는데 시험을 앞두고 있다는 내용이야. 고등학교를 졸업한 지도 30년이 훌쩍 지났는데 아직도 그런 꿈을 꾸는 것은 수학 공부를 힘겹게 했다는 의미일 테지. 공부가 즐거운 사람은 아마 거의 없을 거야. 아빠 역시 힘겹게 공부를 했고 수학은 특히 더했단다. 아빠가 정치외교학과에 진학한 이유 중의 하나가 수학을 공부하지 않아도 되기 때문이었을 정도로 힘들어했어. 너는 아빠보다 수학적 재능이 좋은 것 같아 얼마나 다행인지 몰라. 마치 존 메이너드 케인스가 아빠인 네빌 케인스보다 수학을 더 잘했던 것처럼 말이다. 이건 아마도 네가 엄마 머리를 닮아서인 듯하구나. 엄마는 수학을 잘했다고 하잖니? 아빠는 국어를 훨씬 더 잘했단다. 그런데 네가 국어 점수가 도통 잘 나오지 않으니 속상하구나. 글쓰기도 아빠가 보기에는 꽤 재능이 있는 것 같은데 무슨 까닭인지 모르겠구나. 영어도 듣기 문제는 잘 푸는 걸 보면 언어적 재능이 높은 게 아닐까.

보통 우리는 머리가 좋다고 하면 아이큐가 높다란 의미로 받아들이잖니. 그런데 하버드 대 교수인 하워드 가드너는 아이큐로만 사람의 지능을 판단할 수 없다고 말하며, 사람에게는 여러 지능이 있다고 했어. 이를 '다중지능 이론'이라고 하는데, 사람은 언어·음악·논리수학·공간·신체운동·인간친화·자기성찰·자연친화, 실존 등 9개의 지능으로 이루어져 있다는 이론이야.

이런 관점에서 볼 때 승현이는 논리수학 지능과 언어 지능이 높은 것 같아. 또 흥사단에서 도보여행을 갔을 때 팀원들의 메시지가 쓰여져 있는 티셔츠를 기념으로 받아왔잖니, 그때 친화력이 뛰어나다는 칭찬이 있는 걸로 봐서 인간친화 지능도 제법 높지 않을까 생각한단다.

최근 네가 문과로 갈지, 이과로 갈지 선택을 앞두고 너의 재능은 무엇인지, 어떤 꿈을 가지고 직업을 선택하고 진로를 결정해야 할지 고민이 많은 것 같더구나. 이것도 해보고 싶고, 저것도 해보고 싶고 말이지. 이는 하워드 가드너 교수의 다중지능 이론으로 보면 지극히 당연한 거란다. 사람에게는 여러 가지의 재능이 있기 때문이지. 그런 점에서 아빠는 하나의 꿈과 직업을 정한다는 건 지극히 비현실적이라고 생각해. 네가 아빠의 조언을 듣고 심리상담가를 꿈꿨다가, 사이버경찰을 꿈꿨다가 하는 것은 네가 여러 가지의 재능을 가지고 있다는 긍정적인 의미로 받아들였으면 해.

단 하나의 재능에 초점을 맞춰 진로와 꿈을 설계하기보다 '키워드' 중심으로 접근해 보는 건 어떨까? 세계은행 총재에 취임한 김용 전 다트머스 대 총장은 의사를 직업으로 선택해 의대에 진학했지만 자신의 꿈을 의사에 한정하지 않았어. 그의 진정한 꿈은 의사라는 실용적인 기술을 바탕으로 '위대한 것'에 도전하는 것이었어. 그건 바로 가난한 나라에서 의료봉사 활동을 하는 것이었지.

치과의사였던 김용의 아버지는 김용에게 미국에서 당당하게 살기 위해서는 의술이 필요하다고 항상 말했어. 당시 미국에서 이민자로서 무시당하지 않고 살아가기 위해서는 전문 기술이 필수적이었기에 아들에게도 의술을 배우도록 강조한 거지. 그래서 김용은 의대에 진학했단다. 반면에 철학박사였던 김용의 어머니는 "1등보다 위대한 것에 도전하라."고 가르쳤어. 어머니의 가르침은 김용이 평범한 의사에서 더 큰 세계 무대로 나아갈 수 있었던 힘이 되었단다. 그의 어머니는 김용이 어릴 때부터 항상 '나는 누구이며, 나는 세상에 무엇을 기여할 것인가 등'에 대해 끊임없이 질문하고 답을 구해 보도록 했어. 아버지가 그에게 실용적인 삶의 기술을 가르쳤다면, 어머니는 그에게 '사람'으로 살아가는 방법에 대해 가르친 거지.

김용 총재는 부모의 가르침을 마음에 새기고 하버드 대에서 의대 교수로 재직하면서 동료 교수와 비영리 의료봉사 기구인 'PIH(Partners In Health)'를 조직해 페루 등 가난한 나라에 의약품을 전달하면서 의료봉사를 해왔어. 의료봉사 경험을 토대로 김용은 세계보건기구(WHO)와 공동으로 결핵과 에이즈 등 저개발국의 질병 퇴치를 위해 오랫동안 헌신해 왔어. 그 결과 김용은 의대 교수임에도 저개발국의 보건 발전을 위해 20년 넘게 봉사하여 보건행정 전문가가 될 수 있었고, 경제 전문가가 아닌데도 불구하고 세계은행 총재로 선임될 수 있었단다.

"What to be(무엇이 될 것인가)가 아니라 what to do(무엇을 할 것인가)를 추구하십시오."

김용 총재의 이 말처럼 그는 "나는 한 번도 내가 어떤 자리에 오르거나 어떤 사람이 될 것인가에 관심을 두지 않았다. 늘 내가 무엇을 해야 하나에 관심을 두었다."고 해. 승현이도 장차 직업과 꿈을 정할 때 김용 총재처럼 실용과 이상을 조화롭게 풀어 나갔으면 좋겠구나. 이상에 너무 치우치면 먹고 살기가 너무 힘들어져 자칫 꿈을 포기할 수밖에 없는 상황을 맞을 수도 있어. 또 실용에 너무 치우치면 돈은 많이 벌 수 있을지 모르지만 '마음이 공허한 부자'가 될 수도 있단다.

그래서 아빠는 네가 앞으로 김용 총재를 '꿈의 역할모델'로 삼아서 '봉사와 헌신'이라는 위대한 가치를 좇아 직업과 꿈을 설계해 보면 어떨까 해. 그렇게 하면 실용적인 기술이나 전문 지식을 익혀 직업을 가지더라고 꿈을 지속적으로 확장시켜 나갈 수 있으리라 생각되거든. 만약 김용 총재가 뛰어난 의학 기술을 가지는 것에만 치중했다면 그는 세계은행 총재가 될 수 없었을 거야. 그는 어떻게 살아야 할지, 무엇을 해야 할지를 끊임없이 고민하여 자신이 가진 기술을 나누고자 하였어. 그러한 정신이 그를 보건행정 전문가로 이끌었고 세계은행의 총재라는 자리를 만들어 주었다고 생각해.

그러고 보면 꿈에는 '실용적인 기술과 지식으로 이룰 수 있는 꿈'과 '정신적 가치를 실현할 수 있는 꿈'이 함께해야 의미가 있는 듯하구나. 김용 총재가 말한 'what to be(무엇이 될 것인가)'가 실용적인 가치를 실현하는 꿈이라면, 'what to do(무엇을 할 것인가)'는 정신적인 가치를 실현하는 꿈이라고 할 수 있겠지.

아빠는 승현이 역시 직업과 꿈을 정할 때 이 정신적 가치와 실용적 가치를 잘 접목했으면 좋겠구나. 여기서 실용적 가치는 정신적 가치를 실현하기 위한 도구나 수단이라고 할 수 있겠지. 달리 말하자면, 꿈의 공식이란 '정신적 가치(봉사와 헌신)⊃실용적 가치(기술과 지식)'라고 정의할 수 있을 거야. 수학적으로 표현하면 실용적 가치는 정신적 가치에 포함된다고 할 수 있지 않을까.

조금 말이 어려워진 것 같구나. 즉 의사든, 심리상담가든, 사이버경찰이든 어떤 직업을 꿈꾸더라도 그 직업을 이루는 것에만 만족하지 않고 가능한 정신적 가치의 꿈을 실현하기 위해 노력해야 한다는 말이야. 예를 들어 심리상담가가 된다고 하면 개인의 목적 달성을 위한 이기적인 노력 이외에 사회를 위해 봉사하고 헌신하는 이타적인 노력도 추구해야 하는 거지. 김용 총재처럼 비영리 기구를 만들어 다른 심리상담가들과 함께 소외된 사람들을 찾아가 무료 상담을 해주면서 더 좋은 세상을 만드는 일에 앞장서야 한다는 말이야. 이제 기말고사가 끝났으니 김용 총재에 대해 쓴 책을 읽어 보길 바란다.

거듭 말하지만 꿈은 '봉사와 헌신'과 같은 정신적 가치를 먼저 정하고 이의 실현에 중점을 두어야 한단다. 그러고 나서 이를 위해 나 자신이 무엇을 잘하고 좋아하는지 그리고 어디에 소질과 재능, 적성이 있는지를 고려해서 실용적인 직업을 선택하기 바란다.

진로를 빨리 정해야겠다는 마음이 강한 듯한데, 아빠 생각에는 정신적 가치를 먼저 정한 후 그 속에서 천천히 진로를 고민해 봐도 늦지 않다고 생각해. 의사와 상담가와 같은 직업을 꿈의 '변수變數'라고 한다면 봉사나 헌신과 같은 정신적 가치는 꿈의 '상수常數'라고 할 수 있을 거야. 꿈을 꿀 때 꿈의 변수보다 꿈의 상수를 먼저 추구한다면 네가 이루고자 하는 가치를 추구하면서도 너에게 맞는 직업을 찾을 수 있을 거야. 정신적 가치를 상수로 두면 몇 번씩 바뀌는 꿈에 갈팡질팡하는 일은 없을 거라고 생각해. 김용이 의사생활을 하면서도 가난한 사람들을 무료 진료 활동에 나서는 것처럼 봉사를 정신적 가치로 두면 어떤 일을 하든 봉사를 실천하면 되니까 말이다.

아들아, 10대에 꿈을 저버린 사람은 후에 반드시 그 대가를 치른다는 말이 있단다. 너도 이 말을 명심하기 바란다. 다만 어떤 삶을 살던 '봉사'는 언제나 네 꿈의 '상수'로 여겨 실천하기를 당부하고 싶구나.

아빠는 대학교 4학년 여름방학 때까진 대학원에 진학할 생각이었단다. 그러다가 갑자기 신문 기자로 진로를 바꾸었지. 아빠는 '도전'이란 가치를 중시했는데, 늘 새로운 일에 도전할 수 있는 직업으로 신문 기자가 적격이라고 생각했기 때문이야. 너도 우선 심리상담가를 염두에 두되 나중에 너의 가치에 맞는 더 좋은 방향이 보이거든 언제든지 바꾸면 된단다.

그런데 여기서 간과해서는 안 될 점이 있어. 바로 꿈을 이룰 수 있도록 현재에 충실해야 한다는 거야. 현재의 학교생활과 공부에 충실하고 최선을 다해 도전할 때 미래의 꿈을 이룰 수 있다는 점을 명심하길 바란다.

끝으로 아빠는 네가 언어적 재능도 충분히 있다고 확신해. 초등학교 3학년 때 네가 읽은 책 내용을 완벽하게 요약하여 설명해 주어 아빠가 놀랐던 기억이 아직도 생생하구나. 네가 생각하는 것보다 너에게는 더 큰 능력이 있다는 것을 항상 인식하길 바란다.

아빠가

스티븐 스필버그의 아버지에게 배우는 자녀교육법

"아빠가 심어 준 꿈의 씨앗"

　아이들의 상상력은 미래의 꿈을 키우는 힘이다. 예일 대학교 도로시 싱어 Dorothy Singer 교수는 상상력이 풍부한 아이들이 사회성도 뛰어나며 성적도 우수하다고 말하기도 했다. 아이가 꿈이 없어 고민이라면 미국의 영화감독 스티븐 스필버그 Steven Allan Spielberg의 아버지처럼 상상력을 갖게 하는 색다른 체험을 해주는 건 어떨까.

　뛰어난 상상력의 대명사인 스티븐 스필버그는 어렸을 때 소극적이며 눈에 잘 띄지 않는 아이였다고 한다. 그런 그가 꿈을 품고 이룰 수 있었던 것은 바로 부모님의 영향 덕분이었다. 전기 기술자였던 아버지 아놀드 스필버그 Arnold Spielberg는 어린 아들에게 상상력과 창의력을 키워 주었다.

　어느 날 밤 그의 아버지는 자고 있던 그를 깨워 차에 태우더니 사막으로 데려갔다. 그는 무슨 영문인지 몰라 너무 무서웠다. 마침내 차가 멈추고 내려 보니 이미 수백 명의 사람들이 길가에 누워 하늘을 쳐다보고 있었다. 그 역시 아버지와 함께 담요를 깔고 눕자 하늘에서 거대한 유성비가 떨어졌다. 수만 점의 빛이 하늘을 십자형으로 가로지르고 있는 광경은 어린 그에게 깊은 충격을 주었고, 동시에 이런 현상을 유발하는 원인에 대해 호기심을 갖게 했다.

이후 이때의 환상적인 경험은 그의 삶에 상상력의 원천이 되었고 그가 상상의 세계를 구현하는 영화감독을 꿈꾸게 되는 계기가 되었다. 스필버그에게 이 기억은 얼마나 생생했는지 이때의 경험을 바탕으로 〈미지와의 조우〉라는 영화를 만들었을 정도다.

사실 그의 아버지는 그가 영화감독이 되는 것을 반대하여, 영화감독이 얼마나 힘든 일인지 들려주었다. 하지만 그는 뜻을 굽히지 않았다. 그의 아버지는 어쩔 수 없이 아들의 의견을 존중해 엔지니어로 키우고 싶은 꿈을 포기했다. 단 아버지는 일정 성적 유지를 조건으로 스필버그가 영화를 만드는 걸 허락했다. 그가 캘리포니아 주립대학을 나올 수 있었던 것도 이 때문이다. 우리나라 부모처럼 윽박지르고 우겼다면 오늘날 스필버그는 존재하지 않았을 것이다.

에필로그
/
아들이 10대라면, 꼭 한번 도보여행을 떠나라

    부모의 헌신 없는 자녀교육은 성공할 수 없다. 우리 시대 자녀교육은 어쩌면 부모의 이기심을 충족시키려는 자녀교육이라고 해도 가히 지나친 표현은 아닐 것이다. 부모가 헌신하는 것 같지만 그것은 부모의 욕망 충족을 위한 것이기 때문이다. 그러니 아빠 혹은 엄마가 직접 도보여행을 하며 온몸으로 함께하는 헌신이 없다면 아이의 마음을 울릴 수 없다.
    법륜 스님이 쓴 『엄마 수업』에는 사랑은 단계별로 크게 세 가지가 있다고 한다. 첫째 어린 아이를 정성을 기울여서 보살펴 주는 사랑. 아이가 어릴 때는 정성을 들여서 헌신적으로 보살펴 주는 게 사랑이다. 둘째 사춘기의 아이들을 간섭하고 싶은 마음, 즉 도와주고 싶은 마음을 억제하면서 지켜봐 주는 사랑. 셋째 성년이 된 아이가 자신의 길을 갈 수 있도록 관여하지 않는 냉정한 사랑. 그는 "우리 엄마들은 헌신적인 사랑은 있는데 지켜봐 주는 사랑과 냉정한 사랑이 없다. 이런 까닭에 자녀교육에 대부분 실패한다."고 말한다.

그런데 도보여행에서는 법륜스님이 말한 단계별 사랑이 모두 요구된다. 먼저 도보여행을 하자면 아빠의 헌신이 필요하다. 우리나라 아빠들은 우선 엄청 바쁘다. 자발적으로 자녀와 도보여행을 한다면 모를까, 만약에 부인의 권유로 간다면 대부분 시큰둥할 것이다. 이리저리 핑계를 대며 빠져나갈 구멍을 찾을 것이다. 엄마가 도보여행을 간다면 그건 엄청난 용기의 소유자라고 할 수 있을 것이다. 그런 엄마는 앞서 소개한 아마존의 야루보족의 여성에 해당할 것이다.

또한 도보여행에는 아들을 '지켜봐 주는 사랑'이 필요하다. 사춘기에 빠진 10대 아들에게 아빠의 말은 모두 잔소리로 들린다. 당연히 아빠가 하는 말은 모두 한쪽 귀로 듣고 한쪽 귀로 흘릴 것이다. 이때 꼬치꼬치 따지고 캐묻는다면 아빠와 아들의 관계는 엇나가고 만다. 이때 아빠는 손해 보는 자세로 참는 수밖에 없다. 그게 가장 현명하다.

그런데 도보여행은 서로 필요할 때 말을 걸면 된다. 말하고 싶지 않으면 그저 앞만 보고 걸으면 된다. 아빠도 아들도 말을 하고 싶지 않으면 안 해도 상관없다. 그저 묵묵히 자신의 길을 걸으면 된다. 여기서 아빠는 아들에게 지켜봐 주는 사랑이 가능하다. 아빠가 필요하면 아들이 먼저 말을 걸어올 것이다. 그때 잘 받아 주면 된다.

특히 걸으면서 아들은 자신에 대해 생각해 볼 수 있다. 성찰의 시간을 가지려고 하지 않아도 저절로 자신을 되돌아볼 수 있다. 걷는다는 게 그런 거다. 걸으면 절로 겸허해지기 때문이다. 10대 아들에게 도보여행은 최고의 묘약일 수밖에 없다.

도보여행에서 어쩌면 가장 필요한 건 아빠의 '냉정한 사랑'이다. 도보여행은 그야말로 끈기가 요구된다. 1시간에 4km씩 걷는다는 것은 아빠에게도 고역이지만 아들에게는 더 고역이다. 아빠는 어른이기 때문에 끝까지 참고 해낼 수 있지만, 아이가 그러기란 대단히 힘들다. 아이가 힘들어한다고 금방 포기하거나 쉬어서는 안 된다. 끝까지 해낼 수 있다는 믿음을 심어 주며 힘들어도 목표량을 달성할 수 있도록 엄중한 잣대를 들이대야 한다.

사실 비단 도보여행이 아니더라도 아이를 잘 키우기 위해 필요한 것은 헌신적인 사랑보다 지켜봐 주는 사랑, 냉정한 사랑이 아닐까. 그리고 이에는 엄마보다 아빠가 적격이다. 특히 10대 아들은 아빠가 필요하다. 이 시기가 되면 아들은 엄마를 조금씩 무시하며 엄마의 그늘에서 벗어나고자 한다. 이는 자연스러운 독립의 시작이기도 하지만, 때때로 이는 범주가 지나치기도 한다. 더군다나 부모는 아들의 성공적인 독립을 위해 필요한 힘과 자세를 길러 줄 필요가 있다. 물론 천방지축, 외계인 같은 아들에게 어떻게 접근해야 할지 고민스럽다. 아들을 키우면서 갈등을 겪는 것은 아주 자연스러운 일이다. 단지 갈등을 최소화하기 위한 지혜와 대비가 필요하다. 이때 도보여행이 만드는 낯선 환경은 아들이 자연스럽게 아빠에게 의지하게 만든다. 아빠가 평소에는 하기 힘든 이야기를 하거나 무언가를 가르쳐 주는 등 아들에게 긍정적인 자극을 줄 수 있는 최고의 배경이 만들어지는 것이다.

한 가지 고백을 하자면, 이미 알겠지만 나는 아들을 향한 욕심이 지나친 나머지 도보여행 때마다 '잔소리쟁이 아빠'가 되곤 했다. 아들이 잔소리를 한다고 핀잔을 줄 때마다 다음 번 도보여행 때는 잔소리를 하지 말아야지, 다짐을 하곤 했는데 막상 잘 되지 않았다. 나는 스스로 이것이야말로 아빠란 존재의 숙명이 아닐까 하는 생각을 해보기도 했다. 도보여행은 늘 안전을 생각해야 하기에 아들에게 잔소리를 하지 않을 수 없었다. 또한 아들에게 더 넓은 세상과 그 세상의 법칙을 보여 주고 들려주고 싶은 게 아빠의 마음이다. 그러다 보니 나도 모르게 이것저것 이야기를 들려주다 급기야 아들의 기분을 언짢게 하기도 했다. 물론 잔소리를 하지 않고 가르칠 수 있다면 좋겠지만, 생각대로 잘 되지 않았다. 그래서 도보여행을 하면서 마음이 상해 한동안 말도 안 하고 묵묵히 걷기만 했던 적도 있었다.

그런 아들을 보면서 내 기분이 더 울적해지곤 했다. 아이를 위해 한 행동이지만 내 행동에 아파하는 아이의 모습을 보면 더 마음 아파지는 게 아빠다. 어느 아빠라고 아이에게 자상하고 좋은 말만 해주고 싶지 않겠는가. 이 자리를 빌어 잔소리쟁이 아빠가 미안함을 전하고 싶다. 도보여행을 떠나는 아빠들은 나의 경우를 타산지석으로 삼아 잔소리를 덜 하기를 바란다.

아들이 10대라면, 꼭 한 번은 도보여행을 떠나 보라고 권하고 싶다. 기간은 상관없다. 주말을 이용하여 가까운 곳으로 떠나도 좋다. 단 아들의 인내를 시험할 수 있는 어느 정도의 시련이 동반된 여행이어야 한다. 아빠만이 줄 수 있는 냉정한 사랑, 지켜봐 주는 사랑을 통해, 이 책을 참조하여 아들을 위한 길 위의 교육을 실천해 보길 바란다.

부록

- 5년 동안 10회, 도보여행을 함께한 아들의 솔직한 기록,
  그 속에 담긴 아들의 성장
- 성공적인 도보여행을 위한 준비

〈아빠와 도보여행 1회〉

시기 : 초등학교 6학년 여름 (2008년 8월 10일~ 15일, 5박 6일)

여정 : 합천-황매산-산청 덕천서원-청학동-회남재-악양 토지문학관
 -화개장터-구례-남원-인월-지리산 둘레길

할머니의 칠순을 축하드리기 위해 대구 시내에 있는 뷔페에서 온 가족이 모여 식사를 했다. 칠순 잔치가 끝나고 친척들의 염려와 격려를 받으며 아빠와 나는 진주로 가는 고모 차를 타고 합천으로 향했다. 할머니께서는 "어린 애를 무슨 생고생을 시키냐?"며 아빠한테 뭐라고 하셨다. 합천에 도착한 아빠와 나는 제일 먼저 할아버지 산소에 들러 오징어와 소주를 놓고 조촐하게 '신고식'을 했다. 아빠는 이번 도보여행이 아무 탈 없이 무사히 끝나기를 빌었다. 나도 따라 했다. 그렇게 아빠와 나의 도보여행의 막이 올랐다. 식당에서는 초등학생인 내가 도보여행하는 것이 신기한지 손님들이 나보고 대견스럽다고 칭찬을 해주셨다.

나는 초등학교 3, 4학년 때 흥사단 도보여행 캠프를 두 번 갔다 왔는데, 그때 도보할 때 편하게 쉬는 방법과 페이스 조절하는 법 등을 배웠었다. 걷는

시간과 쉬는 시간을 정해서 규칙적으로 반복하는 방법이다. 아빠한테 말했더니 그렇게 하자고 해서 1시간 걷고 10~15분 정도 쉬기로 했다. 도보여행은 아빠보다 내가 선배 같은 느낌이 들었다.

오늘은 아빠가 초등학생 때 할아버지와 진외가에 가기 위해 걸었다는 황매산 떡갈재를 넘어서 산청으로 이동한다고 했다. 아빠는 당시 겨울이었는데 너무 추웠다며 옛날이야기를 해주었다. 걷다 보니 정상 부근에 도로 터널 공사 현장이 나타났다. 터널은 다 뚫었지만 아직 공사 중이라 불빛이 없었다. 어두운 터널을 플래시 하나에 의존하여 걸었다. 무서웠지만 아빠가 있어 안심이 되었다. 오후에 산청을 지나 밤머리재를 넘는데 갑작스레 비가 내렸다. 고모는 전화를 걸어 비가 너무 많이 온다며 걱정하였다. 비가 너무 많이 와서 이 날은 이만 걷기로 했다. 비가 고마운 건 처음이었다.

다음 날은 너무 더웠다. 더위를 뚫으며 걷다 보니 남명 조식이 제자를 가르친 덕천서원에 도착했다. 점심을 해결하기 위해서 준비해 온 버너에 불을 붙였는데 가스가 새서 버너와 가스통에 불이 번졌다. 아빠가 재빠르게 나뭇가지로 옆에 흐르고 있는 물속으로 쳐내서 다행이지 하마터면 9시 뉴스에 이름을 올릴 뻔했다. 할 수 없이 점심을 과자로 때웠다. 큰 트럭이 지나가는데 내가 조심하지 않고 걷다가 아빠한테 혼났다. 아빠는 도보여행 때는 첫째도 안전, 둘째도 안전, 셋째도 안전이라고 하면서 차를 제일 조심해야 한다고 했다.

청학동에서 민박을 하고 아침 6시 30분 출발해 회남재를 거쳐 악양으로 향했다. 회남재를 걷는데 노랑나비 한 마리가 우리를 따라 날기 시작했다.

'나비가 우리를 따라오는 건지, 우리가 나비를 따라가는 건지' 알 수 없는 묘한 기분이 들었다.

최 참판댁을 지나 섬진강을 끼고 길을 걷다가, 내가 큰 트럭이 지나가며 생기는 바람은 초강풍 선풍기 바람 같고, 택시가 지나며 생기는 바람은 미풍 같다고 했다. 아빠가 작가의 기질이 엿보인다며 칭찬해 줬다. 도보여행 중엔 심심해서 이런저런 생각을 해보고 그걸 말로 옮길 때가 많다. 모든 이야기가 다 재미있다.

마지막 날 걸어서 남원역으로 가는데 시내버스가 멈춰 섰다. 운전기사가 어디까지 가느냐고 물었다. 아빠는 "우린 버스를 안 타고 걸어갈 거예요."라고 말하자 무더위에 이해할 수 없다는 표정을 지었다. 좀 지나서 마주 오던 시내버스가 또 섰다. 아까 그 시내버스였다. 운전기사는 남원역으로 가는 샛길을 가르쳐 주었다. 서울에서는 볼 수 없는 운전기사의 친절함이 지금도 기억에 남아 있다. 이렇게 해서 아빠와 첫 도보여행은 무사히 끝났다.

아빠가 도보여행을 마치면 원하는 선물을 사주겠다고 하며 유혹했는데, 진짜 도보여행이 끝나자 닌텐도를 사주었다. 기분이 날아갈 듯이 좋았다.

〈아빠와 도보여행 2회〉
시기 : 중학교 입학을 앞둔 봄 (2009년 2월 24일~27일, 3박 4일)
여정 : 완도-보길도-해남-다산초당-백련사-강진, 광주-소쇄원-5.18 국립묘지

아빠와의 두 번째 도보여행이 시작됐다. 엄마가 강남고속터미널까지 데려다 주었다. 엄마와 헤어지려고 하니 아쉬운 마음이 뭉클 솟아올랐다. 아침 8시 20분에 출발하였는데 오후 6시 무렵이 되어 고산 윤선도가 살았다는 보길도에 도착했다. 보길도는 관광객이 많이 오는 곳이어서인지 첫 번째 도보여행 때와 달리 보행자를 위한 보도가 있어 안전했다. 이런 길만 있으면 도보여행하기 좋겠다는 생각이 들었다. 늦은 겨울인데 동백꽃 가로수가 멋졌다. 아빠도 늦겨울에 피는 동백꽃을 처음 본다고 했다. 동천석실에 올라 아빠와 사진을 찍었다. 영화 속 한 장면처럼 느껴졌다.

두 번째 날 아침이 밝자마자 땅끝마을로 출발했다. 배를 놓치지 않기 위해 급히 나오느라 아침을 먹지 못해 항구 근처에서 식당을 찾아보았지만 보이지를 않았다. 땅끝마을로 가는 배 선실에서 중년의 두 아줌마를 보았다.

동서지간이라는데, 형님 동생하며 챙겨 온 음식과 커피를 나눠 먹었다. 창피하게도 배가 고픈 나머지 나도 먹고 싶다는 생각을 하고 있었는데, 아빠는 아줌마들의 모습이 보기 좋다며 한 집안이 화목하려면 여성의 역할이 절대적으로 중요하다는 이야기를 하였다. 아빠 이야기는 무언가 중요한 것 같은데 심오하여 이해가 잘 되지 않는다. 더군다나 아침 점심도 먹지 못한 탓에 아빠 이야기가 잘 들어오지 않았다.

땅끝마을에 도착하자마자 아빠가 미리 검색한 횟집에 갔다. 간만에 기분이 정말 좋았다. 아빠는 회를 좋아하지 않는데, 나 때문에 횟집에 간 것이었다. 회도 맛있었지만 매운탕도 정말 맛있었다. 든든히 배를 채운 후 땅끝탑으로 향했다. 땅끝탑 입구에는 전망대까지 가는 케이블카가 있었다. 사람들은 모두 케이블카를 타고 가는데 아빤 걸어가자고 했다. 처음엔 케이블카를 타고 싶어서 불평을 했다. 그런데 땅끝탑까지 걸어가는 중에 펼쳐진 경치가 좋아서 금세 기분이 좋아졌다.

땅끝탑을 구경한 후 바로 해남으로 향했다. 바다에서 불어오는 바람 소리가 거셌다. 아빠가 바람 소리에 귀를 기울이며 감성을 키우라고 말했다. 바람 소리에 어떻게 귀를 기울이지? 이런 저런 생각이 들었다.

사실 이번 도보여행을 통해 아빠를 조금 더 알게 된 듯한 느낌이 들었다. 이번 도보여행 코스 중에 다산초당을 방문하는 일정이 있었다. 다산초당을 향하며 아빠가 다산 정약용에 대해 이야기를 들려주었다. 18년 6개월 동안 유배를 당했으며, 두 아들에게 편지를 보낸 것까지 상세하게 알려 주었다. 또 다산은 책을 500권을 냈는데, 아빠의 목표는 책 50권을 내는 것이라고 하였다. 아빠 다산을 무척 좋아하는 것 같다. 이제야 나는 아빠 핸드폰에 '다산은 500, 나는 50'이라고 쓰여 있는 걸 이해할 수 있었다.

또 5.18 광주 망월동 국립묘지를 방문하였는데, 아빠와 같은 대학교를 다녔던 이한열 열사가 잠들어 있는 곳이라고 한다. 그는 시위를 하다 최루탄에 맞아 죽임을 당했다고 아빠가 알려 주었다. 아빠가 대학생 때는 민주화 운동이 치열했다고 하는데, 아빠는 그날이 어제 일처럼 생생하게 기억 나는지 세세하게 이야기를 들려주며 정의는 반드시 이긴다는 말로 끝을 맺었다. 나는 그저 옆에서 묵묵히 듣기만 했다. 아빠 대학 시절 이야기가 나에게는 너무나도 놀라우면서도 생소했기 때문이다. 그럼에도 정의는 반드시 이긴다는 그 말이 가슴에 와 닿았다. 아빠에게 이런 과거가 있었다는 것도 새로웠다.

도보여행이 끝난 후 집으로 돌아왔다. 엄마가 마치 개선장군이라도 맞이하는 듯 무척 자랑스럽게 바라보며 칭찬해 주어서 기분이 날아갈 듯 좋았다. 걸을 때는 너무 힘들어서 싫지만 막상 끝내고 나면 하기 싫은 숙제를 한 것처럼 개운하고 뿌듯하다.

〈아빠와 도보여행 3회〉

시기 : 중1 여름 (2009년 8월 14~17일, 3박 4일)

여정 : 문경새재-수안보-미륵사지-월악산 송계계곡-충주, 장릉-청령포-어라연-영월 시내, 장릉-배일치 고개-주천

올 여름방학에는 아빠가 너무 바빠서 도보여행을 못 가게 되었다. 중학생이 되고 나서 처음 맞게 된 방학인데 도보여행을 못 간다고 하니 괜히 뭔가 아쉬운 마음이 들었다. 전에는 그렇게 가기 싫었는데, 사람 마음이 참 알 수가 없다. 이 말을 엄마가 아빠한테 전하는 바람에 아빠가 아무리 바빠도 가야 한다며 일정을 잡았다. 갑자기 다시 가기 싫어졌다.

아빠는 바쁜 일정 중에 시간을 내느라 출발하는 날 새벽까지 일을 해야 했다. 그런 아빠의 모습을 보니 가기 싫다고 생각했던 게 죄송스러워졌다. 이번 행선지는 그동안 국도를 걷는 게 너무 위험하다는 생각에 문경새재로 잡았다.

아빠는 제대로 쉬지도 못하고 무리하여 도보여행을 시작해서인지 시작부터 무릎과 발목이 좋지 않아 보였다. 나도 갑자기 허리에 통증을 느꼈지

만 어린애가 무슨 허리에 통증이냐고 할까 봐 꾹 참았다. 힘들게 도착한 미륵사지 입구에서 바라본 월악산은 장관 중의 장관이었다. 아빠가 이런 곳에 집을 짓고 살고 싶다고 하였다. 그 말을 들으니 나중에 내가 돈을 많이 벌어서 지어 드리고 싶다는 생각이 절로 들었다. 날이 어두워지기 시작하여 안전을 위해 충주로 가는 버스를 타기로 했다. 버스를 기다리는데, 당장 서울로 가는 고속버스를 타고 집으로 가고 싶어졌다. 그 마음이 전해졌는지 아빠도 그런 마음이 굴뚝같다고 하였다. 하지만 아빠와 나는 이미 그런 유혹쯤은 너끈히 이겨 낼 만큼 도보여행의 매력에 조금씩 빠져들고 있었다.

　이번 도보여행 중에는 참으로 많이 혼났다. 단종의 릉이 있는 장릉과 단종의 유배지인 청령포를 구경하고 어라연으로 향할 때였다. 가는 도중에 아빠가 산에 피어 있는 어떤 식물을 가리키며 갑자기 "이게 뭐냐?"고 물어봤다. 어제 아빠가 미륵사지에 가는 길에 알려 준 식물이었는데 잘 생각이 나지 않았다.

　'콩, 당근…….' 뭘까? 나는 일단 "콩이요~."라고 대답했다. 그러자 순간 아빠는 화가 났는지 나더러 여기 가만히 서서 생각해 보라고 하였다. 나는 콩이 아니라면 당근이라는 생각이 들어 아빠한테 뛰어가 "당근이요~!!"라고 크게 말했다. 그 말을 들은 아빠는 정색을 하더니 더 곰곰이 생각해 보라고 했다. 그래서 어제 들었던 모든 식물 이름을 다 생각해 봤다.

　'콩, 당근, 홍당무, 고추……. 고추는 밭에서만 자라니 절대 아니고'
　"홍당무요?"라고 대답하자 아빠는 인내심에 한계가 왔는지 그런 것 하나 제대로 기억 못하냐고 혼쭐을 냈다. 지금 생각해 보면 당근과 홍당무는 같은 건데, 내가 왜 그런 대답을 했을까, 창피스러운 생각이 든다. 아마 그때 상황이 급하다 보니 아무거나 대답한 것 같다. 그 의문의 식물은 다름 아닌 칡이었다. 아빠는 다른 사람이 말하면 건성으로 듣지 말고 귀를 기울여 듣는 습관이 중요하다고 하였다. 내가 평소에 경청하는 습관이 좀 부족한 것을 어찌 알았는지 속으로 뜨끔했다.

아빠와 나는 어라연 강변에서 돌 던지기를 했다. 물수제비의 달인인 아빠의 폼을 보고 따라 했는데 아빠보다 내가 던진 돌이 더 많이 퐁당퐁당 떠서 기분이 좋았다.

문제는 다음 날 또 벌어졌다. 아침밥을 먹은 후 아빠는 내가 여행 기록을 제대로 남기는지 확인하고자 어제 묵은 모텔의 이름을 물어보았다. 아빠는 메모가 중요하다며, 도보여행을 하면서 있었던 일들을 메모하고 여행이 끝난 후에는 도보여행기를 작성하게 한다. 아빠는 여행을 하면서 지명이나 숙박소 등의 이름도 꼼꼼하게 메모해 놓으라고 하였는데, 모텔 이름을 메모해 놓지 않아 영월 지도에서 찾아 간신히 대답했다. 그러자 아빠가 "청령포에서 단종한테 사약을 전해 준 사람 이름이 뭐라고 했지?" 하고 물었다. 내가 또 우물거리자 아빠가 크게 화를 냈다. 결국 장릉에 있는 관광 안내소에 뛰어가 물어보고 와야 했다. 지금 생각하면 그때 아빠한테서 엄청난 살기를 느꼈던 것 같다. 하지만 아빠는 아무리 화가 나도 그 상황이 종료되면 다시 언제 그랬냐는 듯 금세 다정한 모습으로 돌아와서 좋다.

단종이 유배 길에 서산에 지는 해를 향해 운명을 기원했다는 '배일치' 고개의 정상에 있는 쉼터에 올랐다. 그곳에 앉아 쉬는 중에 다리에 빨간 반점이 수십 개가 나 있는 걸 발견했다. 내가 아빠에게 다리를 내밀어 보이자 아빠는 빨리 피부과에 가야겠다고 하면서 서둘러 고개에서 내려와 버스를 타고 주천으로 갔다. 병원에  서는 피부 발진이라고 하면서 장시간 햇볕에 노출되면 안 된다고 했다. 결국 아빠는 집으로 돌아가기로 결정했다. 내가 좀 시무룩한 표정을 짓자 아빠는 나한테 도보여행을 그만하고 싶어서 빨간 사인펜으로 반점을 몰래 그린 거 아니냐는 농담을 했다. 하지만 나는 이번만은 중학생이 되어 처음 하는 도보여행인지라 좀 더 잘해 보고 싶었다. 그런데 피부 발진이라는 예상치 못한 상황 때문에 도보여행을 아쉽게 마칠 수밖에 없었다.

〈아빠와 도보여행 4회〉
시기 : 중2 진학을 앞둔 봄 (2010년 2월 19~22일, 3박 4일)
여정 : 남해-서면, 남해-금산-상주 해수욕장-삼동면-사천-진주-촉석루

　작년 여름 아빠와 나의 도보여행이 알려져 《국민일보》에서 기사화되었다. 조금 쑥스럽고 기쁘면서도 한편으로는 신문에까지 실렸으니 앞으로 쭉 계속해야만 할 것 같아 아빠한테 낚인 기분이 들었다. 이번 도보여행은 우여곡절이 많았다. 애초 7일 정도로 계획되었는데, 아빠의 업무와 나의 학원 문제 등으로 3박 4일로 단축된 것이다. 도보여행 기간이 짧아진 걸 기뻐해야 할지, 학원에 가야 하는 걸 슬퍼해야 할지 참 애매한 기분이었다.
　이번 도보여행지는 남해로 오후 4시에 집을 나섰는데 남해에 도착해 보니 오후 8시가 넘었다. 간단히 저녁을 해결한 후 아침에 먹을 사과 몇 개를 사서 여관으로 향했다. 여관에서 텔레비전을 보다가 가슴 쪽이 간지러워서 봤더니 붉은 반점이 있었다. 내일 아침에 병원에 들르기로 하고 잠을 잤다. 지난여름 도보 여행 때 피부 발진으로 하루 일찍 여행을 접었는데, 이번에

도 그럴까 봐 살짝 긴장이 되었다.

　아침에 사과 하나를 먹고 바로 피부과로 향했다. 피부과에서는 별일 아니라고 말하며 약을 처방해 줬다. 다행이었다. 도보여행 때마다 밥 먹을 곳이 마땅치 않아 고생을 많이 해봐서 이번엔 김밥을 포장해서 출발했다. 얼마 지나지 않아 마산 마을이 나왔다. 남해는 마늘의 고장이라는데, 정말로 밭마다 마늘이 푸르게 자라고 있었다. 그 어느 곳보다 평화로워 보였다. 아빠와 나는 길을 걷다가 마늘밭 옆에서 김밥을 점심으로 먹었다.

　아빠와 함께 바다와 산을 배경으로 사진을 찍으려고 카메라를 꺼냈는데, 카메라 용량이 꽉 차 있었다. 생각해 보니 출발하기 전에 사진을 많이 찍으려고 외장메모리칩에 저장되어 있는 사진을 컴퓨터에 옮겨 두고는 그대로 컴퓨터에 꽂아 둔 채 온 것이다. 이로 인해 도보여행 시작부터 아빠한테 혼이 났다. 아빠는 내가 잘못하면 가차 없이 혼을 낸다. 물론 뒤끝은 없어서 다행이지만. 내가 다음부터는 꼭 잘 챙기겠다고 죄송하다고 말하고 나서야 상황은 일단락되었다.

　다음 날은 금산을 가서 보리암을 거쳐 내려왔다. 아빠는 금산 보리암은 예전에 할아버지가 오셨던 곳이고 설명해 주었다. 아빠가 중학생 때 할아버지가 학부모회 부회장을 하셨는데, 임원들끼리 이곳을 방문하셨다고 했다. 아빠는 가끔 할아버지 이야기만 나오면 슬픈 표정을 짓는다. 언제나 강인하게만 보였던 아빠가 자신의 아버지를 그리워하는 모습을 보니 괜히 마음이 뭉클해졌다. 나도 언젠가 아빠를 이렇게 그리워하게 되지 않을까 하는 생각이 들었다.

보리암에서 아빠가 몸을 보호해 준다는 호신불을 사주었다. 보리암에서 내려오는데 갑자기 다리에 힘이 풀렸다. 다리 힘이 풀리는 현상을 처음 겪어 보니 이상했다.

넷째 날의 목적지는 진주였다. 진주는 아빠가 고등학교를 나온 곳이다. 아빠와 나는 상주 해수욕장에서 삼동면 소재지까지 걸었다. 해변길이어서 호젓해서 참 좋았다. 마을 부근 버스 정류장에서 잠시 쉬는데 벽면에 써 있는 시 한 편이 눈에 들어왔다. 남해를 바라보며 쓴 시 같았다. 제목은 〈남해 개펄을 보며〉라는 김성춘 시인의 시로, 조개 줍는 아낙네가 개펄에서 조개가 아니라 막막한 삶을 캔다는 표현이 인상 깊어 메모했다.

> 지족에서 미조로 빠지는 길목에서 만난 개펄.
> 저무는 가을 입구에
> 한 줌 눈물 같은 바다, 반짝였다.
> 조개 줍는 아낙네들 개펄에서 막막한 삶, 캐고 있다.
>
> _〈남해 개펄을 보며〉

사천(삼천포)으로 가는 버스를 정류장에서 기다리면서 아빠랑 '끝말잇기'를 했다. 아빠랑 할 때는 여러 모르는 단어가 나와서 지루하지가 않다. 끝말잇기는 아빠와 도보하면서 무료할 때마다 하는데도 할 때마다 재밌다.

진주에 도착해서 아빠의 고등학교 동창을 만났다. 아빠 친구 분과 함께 오리 고기를 먹고 같이 찜질방에 갔다. 이튿날 남강 옆에 만들어진 길을 따라 촉석루로 가서 구경을 했다.

그런 다음 고모가 건어물 가게를 하는 중앙시장까지 걸어갔다. 중앙시장은 사람들로 북적거렸다. 아빠는 시장에서 이렇게
열심히 사는 분들의 모습을 힘들 때마다 떠올린다고 한다. 아는 사람이라곤 한 사람도 없는 도보여행지에서 고모를 보니 기분이 무척 좋았다. 고모는 추운데 고생이 많다며 맛있는 것도 사주고 용돈도 두둑이 주었다. 횡재를 한 것 같았다. 도보여행 중에 만나는 지인은 언제나 반갑고 좋다. 도보여행의 고단함을 잊게 해준다. 특히 오랜만에 만난 고모와의 시간은 집으로 돌아가는 발걸음을 더욱 흥겹게 해주었다.

도보여행을 하다 보면 그동안 느끼지 못했던 다양한 감정들과 마주하게 된다. 할아버지를 그리워하는 아빠의 모습, 고단한 아낙, 시장 상인들의 치열한 삶 등 무언가 뚜렷하게 설명할 수는 없지만, 그러한 감정들이 쌓여 갈 때마다 조금씩 내가 성장해 가고 있다는 느낌이 들었다.

〈아빠와 도보여행 5회〉
시기 : 중2 여름 (2010년 8월 21~23일, 2박 3일)
여정 : 지리산 성삼재-노고단-천왕봉-중산리

    이번 여름방학에는 아빠와 같이 지리산 종주를 했다. 여태까지 한라산과 북한산, 도봉산 등 꽤 유명한 산들을 많이 가봤었지만, 지리산 종주는 그동안의 등산과는 비교도 안 될 만큼 힘이 들었다. 1박 2일 코스라 도보여행보다 수월할 것이라고 생각했는데 정말 체력의 끝을 본 것 같았다.

    지리산 종주 코스들 중에서 노고단에서 천왕봉을 거쳐 중산리로 하산하는 코스를 선택했다. 용산역에서 여수행 무궁화호 기차를 타고 새벽 3시 40분에 구례역에 도착해 성삼재까지 택시로 이동했다. 새벽 시간에 기차를 타니 기분이 색달랐다.

    성삼재에서 4시 20분쯤 출발했는데, 그날 세석대피소까지 무려 총 16시간을 걸었다. 아빠도 최고 기록이라고 했다. 깜깜한 새벽에 올라가니 무서웠지만 많은 사람이 플래시를 비추면서 산을 올라가는 모습은 마치 반딧불이가 날아다니는 것처럼 예쁘게 느껴졌다.

  산을 타는 것과 평지를 걷는 것은 완전히 차원이 달랐다. 체력은 더 빨리 소모되었고 걸어도 걸어도 목적지는 더 멀어지는 것처럼 느껴졌다. 하루에 성삼재에서 세석대피소까지 가는 것은 초보자들한테 좀 힘든 코스라고 한다. 세석대피소로 가는 마지막 구간에서는 정말 그 자리에 주저앉고 싶을 만큼 힘들었다. 이때 힘들어하는 사람들이 하나둘 모여 자연스럽게 함께 걷게 되었다. 일행 중 한 사람이 오후 8시까지 대피소에 도착해야 잠자리를 배정받을 수 있다고 말했다. 아무리 계산을 해도 8시까지 가는 건 무리였다. 그러자 한 사람이 대피소로 전화를 걸어 8시 30분까지 가겠으니 양해해 달라고 부탁했다. 그나마 다행이었다.

  나는 비록 낯선 사람들이지만 여러 사람들과 함께 걸으니 힘든 것을 좀 잊을 수 있었다. 열세 살인 나에게는 낯선 사람과 편하게 이야기를 한다는 게 처음엔 어색했는데 차츰 익숙해졌다. 고생을 같이 하면 친해지나 보다. 그렇게 같이 의지하고 응원을 해가면서 16시간의 고된 산행이 끝났다.

  아빠는 사막 여행을 할 때 '콘보이'라는 게 있다고 했다. 사막은 워낙 위험하기에 차를 운전해서 여행하더라도 10명 내지 20명이 모여 함께 이동한다는 것이다. 그렇게 하면 타이어가 펑크 나든지 고장이 날 때 동료들의 도움으로 사막을 무사히 건널 수 있다는 것이다. 나 역시 콘보이를 한 셈이었다.

  세석대피소에 도착하니 벌써 저녁식사 시간이 끝나가고 있었다. 같이 온 일행들과 플래시로 빛을 비춰 가면서 서둘러서 밥을 지어 먹었다. 다음 날 아침에 일어나 보니 벌써 8시가 넘었다. 늦잠을 잔 거였다. 어제 같이 온 일행 중 법무사인 아저씨와 다리가 불편한 연대 물리학과에 다니는 대학생 형은 벌써 새벽 6시에 출발했다고 한다. 아빠가 서둘러서 출발을 하자고 하는데, 나는 눈치 없이 어제 같이 온 일행들 중 남아 있는 사람들을 챙겨서 같이 가야 한다고 우겼다. 내가 쓸데없는 고집을 피우자 아빠가 버럭 화를 냈다. 나는 그렇게 힘들 때 만나서 정이 들었으니 올라갈 때도 당연히 같이 가야 한다고 생각했다. 아빠는 같은 목표를 갖고 갈 땐 같이 가는 거지만 서로의 목표가 다를 때는 각자 움직여야 하는 거라며 혼을 냈다.

천왕봉으로 향하는 길에 잠시 쉬었는데, 아빠가 나의 뒷모습을 찍어 주었다. 저 멀리 어제 걸어온 지리산이 펼쳐져 있었다. 나는 그곳에 내 발자국들이 남아 있을 거라는 뿌듯한 마음으로 그 산들을 바라보았다. 아빠의 뒷모습도 찍었다. 가끔 앞모습보다 뒷모습을 찍어야겠다는 생각이 들었다. 뒷모습이란 우리 스스로 볼 수 없는 부분이니까 더욱 신경을 써야 하지 않을까 하는 생각도 했다. 이번 여행은 여러 모로 내게 의미가 있었다. 이런저런 생각을 하며 천왕봉에 올랐다.

산 정상의 풍경을 감상하다 다시 내려갈 생각을 하니 끔찍한 생각이 들었다. 한창 팔팔한 나이라고 하지만 배낭에 짐을 한 가득 담아서 산을 오르내린다는 건 보통 어려운 일이 아니었다. 끈기와 인내를 시험하는 고행 그 자체였다. 아프다는 소리 한번 못하고 산을 내려와 중산리에 이르니 이미 그곳에는 아침에 우리보다 일찍 떠났던 연대 형과 법무사 아저씨가 막걸리를 마시고 있었다. 새벽에 출발해 천왕봉에서 일출을 보고 내려왔다고 했다. 나는 그 말을 들으며 또다시 아빠의 말이 옳았다는 걸 깨달았다. 나는 언제쯤 판단을 제대로 내릴 수 있을까. 살아가면서 여러 경험을 하면 지금보다 나아질까?

아빠는 대단히 엄격하다. 나는 그런 아빠를 존경하지만 때로는 나의 잘못도 너그럽게 넘어가 주는 부드러운 아빠의 모습을 바라기도 한다. 이번이 그랬다. 어쩌면 내가 바로 그 자리에서 잘못했다고 안 하고 한참이나 지난 뒤에 잘못했다고 인정한 것은 아빠의 성격을 조금 닮아서일지도 모르겠다는 생각을 했다.

또 하나 내가 깨달은 것은 힘든 상황에 닥치면 사소한 걸로도 화나는 일이 많이 생길 수 있다는 것이었다. 상황이 좋으면 그냥 웃어넘길 수 있는 것도 상황이 나쁘면 까칠해진다는 걸 이번 여행을 통해 알게 되었다. 하지만 사춘기에 접어든 내게는 하나하나가 잊히지 않을 만큼 인상적이었다.

> 〈아빠와 도보여행 6회〉
> 시기 : 중3 진학을 앞둔 봄 (2011년 2월 11~15일, 4박 5일)
> 여정 : 제주 올레길 2, 3, 4, 17코스

　여섯 번째 도보여행지는 제주 올레길이었다. 이번에는 엄마도 하루 동안 같이 걷기로 했다. 아마 제주도라서 따라오고 싶었던 것 같다. 엄마가 합류해서 그런지 숙소부터가 달랐다. 4박 5일 동안 머물 곳은 휘닉스 아일랜드라고 했다. 나는 왠지 모르게 흥분되었다. 멋진 콘도에서 이렇게 오래 머무는 것도 처음인데다 짐을 숙소에 두고 가볍게 걷는 것도 기분 좋은 일이었다.

　제주도 행 비행기를 타고 겨우 1시간 가는데도 남보다 다리가 길어서 좌석이 불편했다. 이건 정말 롱다리의 슬픔이다. 제주도에 도착해 리무진 셔틀버스를 타고 숙소로 향했다. 우리는 휘닉스 아일랜드에 들어가자마자 옷을 갈아입고 바로 옆에 있는 섭지코지로 향했다. 그리고 그곳에서 왜 제주도를 대표하는 세 가지 중 하나가 바람인지를 몸소 깨달았다. 바람이 얼마나 세게 부는지 몸이 금방이라도 날아갈 것 같았다. 아빠가 섭지코지 잔디에 눕자 엄마와 나도 따라 누웠다. 바람이 부는데도 하늘은 푸르렀다. 잔디에 누워서 본 하늘은 최고였다. 하늘에 떠 있는 구름들이 마치 솜처럼 느껴졌다. 햇살이 따사롭고 평화롭게 우리 가족을 어루만져 주었다.

바람이 어제보다 더 심하게 불었다. 눈을 뜰 수 없을 만큼 심하게 불어서 걷기가 힘들었지만 '인간은 환경에 적응하는 동물'이라는 말이 있듯이 시간이 지나니 그럭저럭 견딜 만했다. 원래 계획은 올레길 1코스부터 걷는 거였다. 그런데 구제역으로 그 구간이 폐쇄되어 2코스부터 걷기로 했다. 휘닉스 아일랜드에서 표선까지 가는데 바람이 너무 많이 불어서 불과 몇 분 동안 맞은 바람이 서울에서 1년 동안 맞은 바람과 맞먹는 듯한 기분이 들었다. 폐업한 음식점이 길가에 있었는데, 아빠는 수건을 한 장 슬쩍해서 내 목에 감아 주었다. 사실 바람을 너무 많이 맞아 얼굴이 빨개지고 엉덩이까지 시렸다. 비록 폐업한 가게의 물건이지만, 나를 위해서 아빠가 물건을 훔치는 모습이 놀라우면서도 기뻤다.

5일 중 하루는 엄마와 걷기로 하였다. 올레 4코스를 역방향으로 걸었는데, 아빠와 둘이 걸을 때와 달리 엄마와는 계속 장난을 치며 걷게 되고 사이사이 쉬게 된다. 아빠는 이런 모습을 보고 엄마는 도보여행의 방해꾼이어서 함께 도보여행을 하면 안 되겠다고 말했다.

평소 걷는 걸 싫어하던 엄마는 초반에는 즐거워하다가 10km쯤 걷자 너무 아파서 걸을 수가 없다며 택시를 부르자고 하소연했다. 하지만 엄마의 하소연을 아빠는 들은 척도 안 한 채 조금만 더 견뎌 보라고 할 뿐이었다. 아빠는 나한테만이 아니라 엄마한테도 엄격하게 대했다. 그리고 그날 일정을 마무리했을 때 보상을 해주듯 엄마와 내가 좋아하는 해물탕을 사주었다. 우리는 해물탕을 먹으며 며칠 동안 혹독하게 부려 먹은 다리한테 쉴 시간을 주었다. 우리가 오늘 하루 걸은 거리만 해도 무려 27km였다. 마라톤에 비할 바는 아니지만 정말 많이 걸었다. 그나마 아빠와 나는 걷는 데 이미 익숙해져 있어서 무리한 일정은 아니었지만 항상 차만 몰고 다녔던 엄마에게는 정말 엄청난 거리였다. 엄마는 6개월 정도 걸을 거리를 오늘 하루에 다 걸은 것 같다며 투덜거렸다.

아들인 내가 군말 없이 걷자 아무 말 못하고 걷는 엄마의 모습을 떠올리며 내가 앞으로 모든 면에서 잘해야겠구나 하는 생각을 했다.

그 다음 날 서울로 올라가는 엄마를 배웅하고 조금 늦게 출발했다. 성산일출봉에 갔다가 3코스를 완주하는 게 목표였는데, 성산일출봉에 바람이 세차게 불어 도저히 걸을 수가 없어 바로 통오름에 올랐다. 신기한 건 오름을 지나기 전까지만 해도 바람이 많이 불었는데 오름을 지나고 나니 함박눈이 포근하게 내렸다. 그러다 또 바람이 거세게 불었고, 조금 더 걸어가자 다시 따뜻해졌다. 하루 동안 우리나라의 사계절을 전부 느낀 것 같았다.

숙소로 돌아왔는데 오늘 아침까지 같이 있던 엄마가 없어서인지 숙소가 무척 허전하게 느껴졌다. 어제까지만 해도 엄마가 맛있는 밥을 해놓고 기다렸는데……. 엄마의 소중함을 다시 한 번 느꼈다. 다른 도보여행 때는 처음부터 엄마가 함께하지 않아서였는지 별로 허전함을 느끼지 못했다. 그런데 이번에는 엄마가 있다 없어서인지 그 자리가 훨씬 더 크게 느껴졌다.

마지막 날에는 제주시 근처의 올레 17코스를 걸은 후 아빠와 바다를 보면서 해수 사우나를 했다. 그날 아빠는 도보여행을 함께 해줘서 고맙다며 고급 시계를 선물로 사주었
다. 기대 이상의 선물에 놀라면서도 여행의 피로가 사라지는 것 같았다.

> 〈아빠와 도보여행 7회〉
> 시기 : 중3 여름 (2011년 7월 26일~30일, 4박 5일)
> 여정 : 강릉-바우길 3코스, 12코스-강릉, 7, 8코스-심곡항-금진-옥계,
>   산천-경포 해수욕장-경포항

    이번 도보여행은 강릉 '바우길'을 걷기로 했다. 성산에서 바우길 게스트하우스까지 거리는 약 3km인데 걸으면서 아빠와 오랜만에 많은 대화를 했다. 그렇게 오랫동안 아빠와 이야기한 것은 지난 번 도보여행 이후로 5개월 만이었다.

    이튿날은 바우길 12구간을 걷기로 했다. 아빠는 먼저 미용실에 가서 머리 커트를 하고 주문진으로 가자고 했다. 갑자기 잡지 《여성중앙》에서 아빠와 내가 하는 도보여행을 기사로 쓰겠다고 하면서 사진을 많이 찍어 달라고 요청했기 때문이다. 그동안 아빠와 도보여행을 하면서 여러 번 언론에 소개되기도 했다. 기분은 좋았지만 실은 무척 부담스러웠다. 이러다가 성인이 될 때까지 아빠와 도보여행을 계속해야 하는 거 아냐? 이런 생각도 들었다. 언론에 났는데 한두 번 하고 그만두면 우스운 꼴이 될 테니까.

차도로 걷다가 시골길이 보여서 그 길로 들어섰다. 그 길이 어디로 이어지는지는 아빠도 모르고 나도 몰랐기 때문에 돌아가자고 했다. 하지만 아빠는 "길을 잃어 보지 않으면 여행이 아니야!"라고 하며 그 길을 따라 걸었다. 여행의 묘미는 길을 잃어 보는 것이라며, 예정의 없던 길을 가다 만나는 낯선 세상의 매력이 있는 거라며 강행했다. 하지만 비도 내리고 있는데 모르는 길을 헤매고 싶지 않았다. 조금씩 내리던 비가 점점 세차게 내리기 시작했다. 설상가상으로 내 우산살이 거의 부러져 내 머릿속은 온통 어떡하지 하는 생각뿐이었다. 그런데 계속 가다 보니 길의 끝에는 버스를 타고 오면서 봤던 강릉 아산병원이 있었다. 다행히 우산 역시 아산병원에 도착하고 나서야 부러졌다.

　아빠와 나는 잠시 후 버스를 타고 강릉으로 갔다. 도착하자마자 대형마트에 들어가 우산을 샀는데 너무 비싸게 사서 아빠한테 혼났다. 1만 7,000원을 주고 샀는데 아빠가 비싸다고 말하며 바꿔 오라고 했다. 내가 다시 1만 3,000원짜리를 사서 가지고 가자 아빠는 근처 편의점이나 슈퍼에 가보자고 했다. 똑같은 우산인데 편의점에서는 1만 원에 판매하고 있었다. 더군다나 편의점에서 나와 우산을 펼쳐 보니 살이 부러져 있었다. 다시 대형마트에 가서 환불을 하였다. 이후 아빠는 나를 문방구에 데리고 갔다. 그곳에서 할인하는 우산을 5,200원에 살 수 있었다. 그러면서 아빠는 나한테 경제 교육을 시킨 거라고 덧붙였다. 나는 좀 화가 나고 속이 상했다. 가격이 비싸면 그만큼 좋을 줄 알았는데 속았다는 생각과 함께 같은 물건을 왜 이리 저마다 다른 가격으로 파는지 이해가 되지 않았다.

셋째날은 바우길 7코스 중간 지점에서부터 정동진으로 이어지는 8코스를 걷는 일정이었다. 8코스까지는 시골길이었다. 시골길로 접어들자 아빠는 논 옆으로 물이 흘러가는 것을 보고 나한테 이것저것 설명해 주기 시작했다. 냇물을 이용하여 논에 물을 보급하는 것을 '보'라고 설명했다. 관용구로 '봇물이 터지다'라는 표현이 있다면서 '생각에 봇물이 터지다'라는 말을 예로 들어 설명해 주었다. 8코스는 지리산 종주를 하는 것만큼 코스가 힘들었다. 어쨌든 무사히 정동진에 도착했다. 정동진은 내가 초등학교 다닐 때 엄마와 아빠랑 겨울 기차를 타고 온 적이 있었다. 그때 생각이 나서 기분이 묘했다.

아빠와 나는 날씨가 더워서인지 휴식 때 잠깐 이야기를 나눈 것 외에는 묵묵히 걷기만 했다. 이럴 때는 내가 먼저 말을 걸기가 어렵다. 썬 크루즈 옆을 지나갈 때 갈매기 소리가 더욱 크게 들려서 물끄러미 바다를 바라보았다. 어느덧 심곡항을 지나고 목표 지점인 옥계까지 왔다. 옥계에는 자연 삼림욕장이 있는데, 도시에서는 꿈도 꾸지 못했던 신선한 공기를 들이마셨다. 땀으로 범벅이 된 온몸이 공기로 샤워하는 듯한 기분이 들었다. 산림욕을 하면서 먹는 아이스크림 맛이란! 집에서도 먹었던 것인데 그 맛은 하늘과 땅 차이였다.

마지막 날은 산천에서부터 경포 해수욕장까지 가는 여정이었다. 비가 내린 후라 덥지 않아 걸음이 빨라졌다. 점심 때가 되어 도착한 경포대에서 우리는 회를 먹었다. 사실 아빠는 몇 점 먹지 않아서 나 혼자 다 먹었다. 당분간은 회를 먹자는 소리를 안 해도 될 만큼 실컷 먹었다. 아마 아빠가 이번에

회를 사준 것은 내가 회를 좋아하니까 또다시 도보 여행을 하자는 의미에서 주는 당근인 것처럼 느껴졌다. 아빠와 나는 마지막 도착지점을 찍은 뒤 서로 힘내자는 의미로 하이파이브를 하고 서울행 버스에 올랐다.

〈아빠와 도보여행 8회〉

시기 : 고등학교 진학을 앞둔 봄 (2012년 2월 26~29일, 3박 4일)

여정 : 산청 원지-가회, 대병-합천-묘산-봉산-옥계서원-하금, 거창

  일요일 날 아침 8시, 아빠와 나는 진주행 시외버스에 몸을 실었다. 목적지인 산청 원지에 도착하니 시간이 벌써 11시였다. 아빠랑 근처에 보이는 마트에 들어가서 초콜릿과 음료수 그리고 껌을 샀다. 이것들은 도보를 시작하기 전에 반드시 챙기는 비상식량이었다. 이렇게 아빠와의 도보여행이 시작되었다.

  2시간 정도 걸어 점심을 먹고 나와 근처 초등학교 운동장에 들어갔다. 의자에 앉아서 좀 쉬고 싶어 들어간 건데, 축구공 하나가 눈에 띄었다. 내가 그 공을 가지고 놀자 아빠가 내 곁으로 와서 공을 찼다. 아빠랑 운동해 보기는 정말 오랜만이었다.

  다음 날 아침 일찍 일어나 밖으로 나왔다. 아침 공기가 도시와는 비교도 할 수 없을 만큼 깨끗하고 신선했다. 가슴 깊숙이 들이마시니 온몸이 정화되는

기분이 들었다. 아빠는 오늘은 나를 조상님에게 신고하는 날이라고 했다. 나는 아빠 말을 들으며 조금 긴장했다. 신고식이라니, 뭔가 잘 보여야 할 것 같은 느낌이 들어서였다. 거기서부터 10km쯤 걸어가자 묘지가 나왔다. 아빠는 13대부터 9대까지 선조들의 선영이 있는 곳이라고 했다. 잠깐 계산해 보니 대략 500년쯤 된 것 같았다. 나는 그 세월에 놀랐다. 이런저런 생각에 잠겨 있는데 아빠가 또다시 말을 이었다. 아빠는 내가 어디에서 왔는지를 잊지 않고 사는 게 중요하다고 했다. 이것을 알면 최소한 다른 사람에게 나쁜 짓은 하지 않을 거라는 것이다. 아빠가 가장 싫어하는 일이 남에게 폐를 끼치는 거다.

그곳에서 나와 합천호 댐 쪽으로 걷는데 음식점 하나가 나왔다. 아침을 초콜릿으로 때운 터라 배가 고파 한 발짝도 움직이기 싫을 정도였다. 아빠랑 나는 된장 2인분을 시켰는데, 배가 고파서 그런지 반찬도 맛있고 된장찌개도 맛있었다. 나는 밥을 먹으면서 오늘은 배를 굶아 가면서 걸었다고 엄살을 떨었다. 그러자 아빠는 '인간은 위대하다'라고 말했다. 그 말을 이해하지 못한 내가 아빠를 쳐다보자 아빠는 '위가 대★하다'라고 말했다. 평소에 말이 없는 아빠가 이런 개그를 하다니, 별로 웃기지 않는 개그도 웃기게 느껴졌다.

점심을 먹고 다시 길을 나섰다. 아빠랑 영상 테마파크 안에 들어가기로 했다. 어른은 3,000원, 중·고등학생은 2,000원의 입장료를 지불하고 들어갔는데 옛날 동네 모습을 그대로 재현해 놓은 상태였다. 여기에서 〈써니〉랑 〈전우치〉 그리고 〈자이언트〉 등 유명한 드라마와 영화가 촬영됐다고 쓰여 있었다. 그곳에는 문구점과 영화관 등 다양한 볼거리가 있었다. 테마파크

내부에 커피숍이 있어서 아빠랑 나는 커피를 마신 뒤 다시 걷기 시작했다. 오늘은 합천 영상 테마파크를 지나 합천읍까지 갈 생각이었다. 하지만 조상님을 뵙느라 합천읍까지 가지 못했다.

  오늘은 합천에서 아빠 고향인 봉산면 소재지까지 걷기로 했다. 마침 합천읍에 장이 열리는 날이라서 그런지 아침부터 시끌벅적했다. 출발하기 전에 마늘빵 4봉지를 샀다. 아빠는 바나나맛 우유 2개도 같이 샀는데 나보고 다 들라고 했다. 아빠는 내가 나약하게 살까 봐 가방도 가볍게 하고 다니게 하지 않는다. 나는 순간 머뭇거리다가 결국 아빠한테 꾸중을 들었다. 아빠는 하기 싫은 일도 긍정적인 생각을 가지고 해야 한다며 그래야 사회생활을 성공적으로 할 수 있다고 말했다.

  봉산으로 가는 길은 여러 개의 산으로 쭉 이어져 있다. 아빠는 예전에 할아버지도 이 산길을 걸어 다니셨다고 말했다. 당시 할아버지는 초등학교 교직원으로 근무했는데, 그때는 버스가 없어 합천 교육청에서 업무를 보고 봉산까지 걸어 다녔다고 한다. 그 먼 길을 어떻게 하루에 다니셨는지 나는 도무지 상상이 가지 않았다. 아빠는 그것이 우리가 합천을 돌고 도는 도보여행을 하는 또 하나의 이유라고 했다.

  이번 도보여행의 최종 목적지인 옥계서원까지 걸어갔다. 가는 길이 오르막길이라 땀이 나고 약간 힘들었지만 경치가 좋아 힘들다는 생각은 들지 않았다. 아빠는 이번에는 8대 선조의 묘소로 나를 데리고 가서 함께 절을 했다.

  이번 도보여행은 아빠가 중학교를 졸업하는 나에게 아빠의 고향과 선조들을 알려 주기 위한 '뿌리 알기'의 여행임을 알게 되었다. 흥사단에서 도보여행을 처음 시작하여 이제 여덟 번이나 도보여행을 했지만 이번처럼 나의 뿌리를 찾아 여행을 한 것은 처음이었다. 아빠는 내가 중학교를 졸업할 때를 맞추어 뿌리를 알고 인생을 의미 있게 살라는 무언의 교육을 한 거였다.

사실 요즘 도보여행을 계속할수록 무겁기만 하던 가방이 가벼워지고 아빠보다 보폭이 넓어지기 시작한 걸 조금씩 느끼고 있었다. 이제부터 아빠와 아빠의 선조들, 그러니까 내 선조들이 그토록 치열하고 엄격하게 살았던 것처럼 나도 그렇게 살아야겠다는 생각을 하며 서울행 버스에 올랐다.

> 〈아빠와 도보여행 9회〉
> 시기 : 고1 여름 (2012년 8월 10~12일, 2박 3일)
> 여정 : 속초-아야진-천학정-간성읍-거진-화진포-통일 전망대, 속초, 설악산

    이번 도보여행의 여정은 속초에서 통일 전망대 방향으로 잡았다. 속초에서 조금만 걸어 나가니 보고 싶던 바다가 나왔다. 역시 난 산보다 바다가 더 좋다. 갑자기 해외여행에 대한 호기심이 발동해 아빠한테 물어봤다. 왜냐하면 아빠는 여태까지 기자 생활을 하면서 20개국이 넘는 나라를 가봤기 때문이다. 아빠는 외국여행이 좋긴 하지만 결국 우리나라가 가장 살기 좋은 곳이라는 결론을 얻었다고 한다.

   6년 전쯤 아빠는 〈세계 명문학교를 가다〉라는 기사를 연재하기 위해 인도, 중국, 영국, 호주, 캐나다, 미국 등 6개국의 나라를 방문했다. 처음에 인도와 중국은 나도 같이 갔는데, 거기서 고생을 엄청 해서 영국과 호주엔 가자고 하는데도 따라가지 않았다. 그냥 울면서 안 간다고 했다. 사촌형이 찾아와서 "너 평생 후회할 텐데 진짜 안 갈 거야?"라고 몇 번을 물어봤는데도

안 간다고 했다. 지금은 정말 후회스럽다.

아빠랑 대화를 나누며 걷다 보니 벌써 3시간째다. 아빠랑 이렇게 많이 대화를 하다니, 나도 놀랐다. 나는 아빠에게 문과와 이과 어디로 가야 될지를 상담했다. 과학이 하기 싫어 문과로 정했는데, 다시 와서 생각하니 자연계도 낫지 않을까라는 생각이 들어서였다.

휴가철 동해는 해수욕장이 많아 사람들이 바글바글하다. 사람들은 다 수영복을 입고 돌아다니는데 아빠와 나는 완전 무장에 배낭까지 둘러매고 다니니, 사람들이 이상한 눈초리로 쳐다봤다. 천학정이란 정자에 도착했다. 그곳에는 1400년 된 나무가 있었는데, 천학정에서 자원봉사하시는 분의 설명에 따르면, 그곳에서 사진을 찍으면 엄청난 기운을 받아 좋은 대학에 갈 수 있다고 했다. 그 말에 아빠와 나는 올라가 기념촬영을 했다. 그런데 군청 등 공공기관에서 아무런 관리도 안 하고 있다는 말에 깜짝 놀랐다.

이번 도보여행은 첫날부터 7시간씩 걸었다. 힘들다고 아빠가 저녁에 갈비를 사주었다. 정말 맛있었다. 역시 고통을 겪은 후에야 진정한 행복을 느낀다는 말이 맞는 듯하다.

다음 날 얼마 걷지 않아 아빠가 느닷없이 물었다. 아빠는 가끔씩 전에 알려 준 이야기를 내가 잘 기억하고 있는지 물어볼 때가 있다. 경청을 잘하는지 점검하는 아빠만의 방식이다. 2년 전에 아빠가 논을 보면서 '봇물이 터진다'라는 표현을 알려 준 적이 있는데, 그걸 다시 나한테 물어봤다. 오래 전 일이라 기억이 나지 않아 어물거리자 아빠가 불같이 화를 냈다. 여름이라 불쾌지수가 높아진 탓이라고 생각했다. 이번에는 '귀신 씨나락(볍씨) 까먹는 소리(이치에 닿지 않는 엉뚱하고 쓸데없는 말)'라는 표현을 알려 주었다. 나는 '이 두 개만큼은 꼭 기억하고 있자.'고 다짐했다. 그런데 마침 얼마 전 인터넷 기사를 보고 있는데 '봇물이 터진다'라는 표현이 나와서 기뻤다.

걷다 보니 군인들이 많이 보였다. "충성" "충성" 하는 소리가 자주 들렸고, 군인들을 태운 지프차도 흔하게 볼 수 있었다. 간성에서 아침에 아빠랑 빵을 먹는데, 어떤 가족이 아들을 면회 온 모양이었다. 그 모습을 보니, 왠지 남의 일처럼 여겨지지 않았다. 이제 몇 년만 있으면 나도 군대에 가야 하기 때문이다. 고등학생이 되니 중학생 때와는 좀 관심사가 다르다는 걸 깨닫는다. 전에는 그냥 스쳐 지나가는 것들이 갑자기 큰 의미로 다가올 때가 있다. 그중 하나가 바로 군인을 볼 때의 내 심경이다.

걷다 보니 바닷가에 평상이 하나 있었다. 잠시 쉬다 가려고 누웠는데, 바닷소리가 들려오고 바람이 솔솔 불어와 아빠도 나도 어느새 잠이 들어 버렸다.

셋째 날에는 설악산에 올라가기로 했다. 울산바위까지 갔지만 비가 와서 결국 올라가다 포기했다. 하산길에 아빠가 목걸이를 하나 사줬는데 자신이 원하는 소원을 들어준다는 부적의 목걸이였다. 내 소원들이 꼭 이루어졌으면 좋겠다.

정류소에서 쉬고 있는데, 한 할머니가 우비를 쓰고 도로 위에서 지나가는 차를 향해서 우비를 사라고 소리를 치고 있었다. 지나가는 차들은 모두 무시하면서 지나가고 그 할머니는 지나가는 차마다 소리를 질러 대고……. 과연 그 차 안에 있던 사람들은 할머니의 처지를 이해하면서 지나갔을까? 나는 하나 사주고 싶었지만 이미 우비를 사서 그럴 수도 없었다. 도보여행은 내가 볼 수 없었던 세상을 보게 해준다. 그리고 내가 앞으로 해야 할 일을 조금씩 구체적으로 생각할 수 있게 해준다.

〈아빠와 도보여행 10회〉

시기 : 고2 진학을 앞둔 봄 (2013년 2월 23~28일, 5박 6일)

여정 : 경천대-자전거 박물관-도남서원-상주보-낙동, 상주, 경천대 / 부산-
　　　갈맷길-문텐로드, 경주-불국사-교동마을-대릉원-첨성대-천마총

  열 번째 도보여행은 상주 일대와 낙동강 자전거 길을 걷기로 했다. 내일이 마침 대보름인지라 아빠는 마트에 들러 땅콩과 호두를 샀다. 자전거 길의 단점은 도보여행자가 마땅히 쉴 곳이 없다는 점이다. 첫날 자전거 길을 무리하게 걸어서인지 어젯밤부터 아빠의 무릎이 좋지 않았다. 아빠는 약간 나아졌다고 하면서도 쉴 때마다 약을 무릎에 발랐다.
  다음 날 아빠는 다리가 좋지 않으면서도 도보여행은 계속해야 한다며 경천대로 향했다. 오늘도 자전거 길을 걷기 위해서였다.
  도보여행을 할 때마다 느끼는 거지만 식당과 슈퍼마켓이 잘 없어 식사를 제때에 하지 못한다는 게 가장 난감한 점이다. 또 가장 걷기 싫은 길은 쭉 뻗은 도로다. 왜냐하면 아무리 걸어도 그 자리가 그 자리인 것 같기 때문이다. 어제에 이어서 오늘도 직선 코스가 나와 힘이 빠졌다.

상주로 돌아와 5시가 돼서야 첫 식사를 할 수 있었다. 잠깐 쉬며 커피를 마시던 아빠의 표정이 좋지 않았다. 무릎이 좋지 않아서 먼저 서울로 돌아가야 할 것 같다는 것이었다. 사실 이번 여행은 아빠와 도보여행을 하다가 중간부터는 혼자 도보여행을 하기로 했었다. 고2가 되어 더 이상 아빠와 도보여행을 할 수 없는지라 의미 있는 여행을 만들고 싶어 아빠에게 먼저 제안을 하였고, 아빠가 흔쾌히 찬성을 해주었다. 그런데 돌발 상황으로 애초 2박 3일이었던 여정이 4박 5일로 늘어나게 되었다.
　나는 아빠와 헤어져 외사촌동생이 있는 부산으로 갔다. 외사촌동생과 함께 부산의 둘레길인 갈맷길 일부 구간과 문텐로드를 걸었다. 이어 부산을 떠나 경주로 이동했다. 일단 불국사를 향해 걷기 시작했다. 날씨가 맑아서 경치가 좋아 사진도 찍으며 걸어가는데 옷을 너무 두껍게 입어서인지 땀이 나기 시작했다. 확실히 서울보다 날씨가 포근했다.
　불국사에 도착하니 5시가 약간 넘은 시각이었다. 내가 입장권을 사기 위해 카드를 내밀자 안내원은 카드는 안 된다고 말했다. 동네 슈퍼마켓에서도 카드가 되는데, 이토록 국보급 사찰에서 현금만 된다니, 이해할 수 없었다. 그런데 현금을 내려고 지갑을 열었더니 맙소사! 현금은 겨우 1,000원밖에 없었다. 입장료는 3,000원이어서 들어갈 수가 없었다. 순간 앞이 캄캄했다. 거의 6시간을 불국사를 구경하기 위해서 걸어왔는데, 입장조차 할 수 없다니……. 겨우 현금인출기를 찾아 돈을 뽑아 불국사 관람 마감 15분 전에 입장해 급하게 사진을 찍고 나왔다. 불국사에서 마지막까지 있던 사람은 역사 탐방을 온 아이들이었다. 나도 초등학교 4학년 때 엄마와 같이 역사 탐방을 해본 적이 있어 그때 생각이 났다. 순간 엄마가 보고 싶었다. 나는 다시 마음을 다잡고 걷기 시작했다.

　벌써 '나 홀로 여행'의 마지막 날이 되었다. 경주 최부잣집을 비롯해 경주 향교 등을 걸어서 둘러보았다. 구경을 다한 후에 시내로 돌아와 저녁을 먹고 황남빵을 사서 신경주역으로 향했다. 그때 어떤 사람이 다가와서 인생 공부를 한번 해보지 않겠냐고 물었다. 보통 서울 시내에서 이런 사람들을 만나면 거절을 하거나 무시를 하며 지나가는데, 이번에는 거절을 하지 못하고 시외버스터미널 부근까지 끌려갔다. 실내에 들어섰더니 인생 공부라는 단어는 어디에서도 찾아볼 수 없고, 온통 이상한 이야기만 해댔다. 나는 왜 내가 이곳에 끌려왔는지 스스로 생각해도 이해할 수가 없었다. 아마 여행의 호기심에서 비롯된 것일지도 모르겠다.

　나는 이들을 과감히 뿌리치고 신경주역으로 향했다. 시간을 지체했으면 서울로 가는 마지막 KTX를 놓쳤을 것이다. 다음부터 이런 사람들을 만나면 두 번 다시는 따라가지 않겠다고 다짐했다.

　아빠가 나의 나 홀로 여정을 승낙해 준 것은 그만큼 나를 믿는다는 의미일 것이다. 아니, 내가 아빠한테 그만큼 믿음을 줬다는 뜻일 것이다. 나는 그만큼 내 행동에 책임을 질 줄 알아야 하는 나이가 되었다. 세상에 홀로 나가 여행을 할 수 있을 만큼 단단하게 훈련을 받았고, 조금은 어설픈 여정이었지만 낙오하지 않고 끝까지 해냈다. 그것만으로도 나는 내 자신이 기특했다. 처음 아빠의 손에 이끌려 도보여행을 했을 때는 사실 불만투성이었다. 하지만 아빠 손에 이끌려 5년 동안 10회에 걸친 도보여행을 다니면서 나름 성장하고 단련되었다고 생각한다. 그리고 그 덕분에 질풍노도와 같다는 사춘기를 무사히 보낼 수 있었다고 생각한다. 도보여행이 끝나면 늘 아빠가 먼저 고맙다는 말을 했는데, 돌아보니 나를 위해 동행해 준 아빠한테 내가 감사해야 할 일이란 걸 깨달았다. 아빠와 도보여행을 언제까지 할 수 있을까? 언젠가는 이것도 끝나 도보여행 때 수없이 듣던 아빠의 잔소리가 그리울 날이 오겠지.

성공적인 도보여행을 위한 준비

일단 시작하라!

　아들과 도보여행을 방학마다 다닌다고 하면 많은 사람이 부러워하며 이것저것 물어본다. 하지만 정작 실행하는 사람은 거의 없다. '시간이 없다.' '아이에게 너무 무리일 것 같다.' 등등 도보여행을 방해하는 많은 생각 때문이다. 아이와 도보여행을 하고 싶은 마음이 있다면, 일단 시작하고 보라고 말하고 싶다. 그러면 그 모든 생각들이 기우였음을 알게 된다.

당근을 준비하라

　나는 아들이 초등학교 다닐 때부터 집 근처 작은 야산이라도 갔다 오면 아들에게 용돈을 주었다. 아들은 아빠와 산을 갔다 오면 용돈을 받는다는 생각에 따라나섰다. 도보여행을 처음 했을 때에는 갖고 싶은 선물을 사주겠다고 했다. 값이 좀 비쌌지만 5박 6일 동안 도보여행을 다녀와서 제일 먼저 한 일이 선물 사주기였다. 그 후에도 도보여행을 다녀오면 반드시 용돈이나 갖고 싶은 선물을 사주었다. 힘든 도보여행에 대한 보상이었다. 도보여행은 아빠도 힘들고 지치는 일이다. 더군다나 초등학생이나 중학생은 말할 나위도 없다. 이때 도보여행이 끝나면 얻을 수 있는 '마시멜로'를 준비해 두는 것도 나쁘지는 않다. 일부에서는 도보여행을 갔다고 용돈이나 선물을 주는 것을 바람직하지 못한 일이라고 비판할 수도 있겠지만 나는 그런 부정적인 생각보다 도보여행을 통해 아들이 얻는 수확물이 더 크다고 생각한다.

안전이 최우선! 차량이 많은 도로는 절대 걷지 마라!

　무조건 안전이 최우선이다. 걷기가 활성화되면서 도보여행 코스가 많이 만들어지고 있지만, 도보여행으로 갈만 한 코스가 사실 많지 않다. 코스를 찾다 보면 대부분 국도를 이용할 수밖에 없는데 특히 편도 1차선 같은 경우에는 인도가 없다 보니 아주 작은 갓길을 걸어야 한다. 갓길은 차들이 불쑥불쑥 튀어나오다 보니 항상 주변을 살피며 걸어야 한다. 도로를 걸어야 할 때는 차가 오는 쪽으로 걸어가야 한다. 되도록 차가 많이 안 다니고 안전한 길 위주로 도보여행 코스를 세우는 게 중요하다. 또 몸에 적신호가 켜졌다면, 무리하게 도보여행을 진행하기보다 과감히 포기하는 결단력이 필요하다. 도보여행은 극기 훈련이 아니다. 안전이 최우선임을 꼭 명심해야 한다.

하루 계획한 거리는 반드시 걷는다!

처음에는 의욕이 넘쳐도, 그늘 한 점 없는 길 위를 걷다 보면 숨이 턱턱 막히고 이 고생을 왜 자처했나 하는 후회가 물 밀듯이 솟구쳐 올라온다. 도보여행을 완보하기 위해서는 하루에 정해진 거리를 반드시 걸어야 한다. 만약 힘들다고 쉬고, 비온다고 쉬고 이런 식으로 핑계를 대며 미루다 보면 완보는커녕 도보여행의 의미를 갖기가 힘들다. 너무 무리한 일정은 세우지 않되 계획한 일정은 꼭 지키는 자세가 중요하다. 단 무작정 쉬지 않고 걷는 게 아니라 1시간에 10~15분씩 의무적으로 쉬는 시간을 가져 몸에 지나친 무리가 가지 않도록 주의해야 한다.

'도보여행 = 야영' 이 아니다!

아들과 도보여행을 하라고 하면, 야영을 생각하는 분들이 있다. 직접 밥을 해먹고 밖에서 텐트 치고 자는 야영을 한다면 분명 더 생생한 도보여행이 되겠지만 이렇게 하기란 서로 너무 힘이 들고 준비물도 만만치 않다. 아빠와 아들이 걸으며 여행한다는 사실이 중요하다. 고생의 정도가 효과를 좌우하는 것은 아니다. 10대 아들을 데리고 여행을 한다는 건 보통 체력을 요구하는 것이 아닌 만큼, 잘 먹고 잘 잘 수 있는 시설물을 충분히 이용하는 것도 좋다.

비상시를 대비하라!

길을 걷다 보면 식당을 발견하기 어려운 경우가 많다. 발견했다고 해도 비위생적으로 보이는 식당은 피하게 되는데, 그러다 보면 한두 끼 정도는 거르는 일이 다반사다. 가방에 항상 초콜릿이나 빵 등 간단한 요깃거리를 챙길 필요가 있다. 또 비가 오는 경우가 있기 때문에 우산이나 우의를 준비해야 한다. 도보여행에서 무슨 일이 생길지 아무도 알 수가 없다. 설사약, 감기약, 파스 등 간단한 비상약을 상비해야 한다.

최효찬의
아들을 위한
성장여행

초판 1쇄 인쇄 2013년 9월 1일
초판 2쇄 발행 2013년 11월 20일

지은이 최효찬
펴낸이 김종길
펴낸 곳 글담출판사

책임편집 이경숙
편집부 임현주, 이은지, 이경숙, 홍다휘
디자인부 정현주, 박경은
마케팅부 김재룡, 박용철
홍보부 윤수연
관리부 이현아

출판등록 1998년 12월 30일 제7-186호
주소 (132-898) 서울시 도봉구 창4동 9번지 한국빌딩 7층
전화 (02)998-7030
팩스 (02)998-7924
이메일 bookmaster@geuldam.com
페이스북 www.facebook.com/geuldam4u
블로그 http://blog.naver.com/geuldam4u

ISBN 978-89-92814-76-8
책값은 뒤표지에 있습니다.
잘못된 책은 바꾸어 드립니다.

이 도서의 국립중앙도서관 출판시도서목록(CIP)은 e-CIP홈페이지(http://www.nl.go.kr/ecip)와 국가자료공동목록시스템(http://www.nl.go.kr/kolisnet)에서 이용하실 수 있습니다. (CIP 제어번호 : 2013016162)

이 책은 저작권자와의 계약에 따라 발행한 것이므로 이 책 내용을 사용하려면 반드시 글담출판사의 동의를 받아야 합니다.

글담에서는 참신한 발상, 따뜻한 시선을 가진 기획 아이디어와 원고를 기다리고 있습니다. 작품 혹은 기획안을 한글이나 MS Word 파일로 작성하여 이메일로 보내주시기 바랍니다. 출간 가능성이 있는 작품에 대해서 개별적으로 연락을 드립니다.